blog

블로그
포스팅
비법서

KB140810

먹고 여행하는 모든 일상을
상위 노출 컨텐츠로 업로드하라!

주미니 (김민주)

DIGITAL BOOKS
디지털북스

블로그
포스팅
비법서

| 만든 사람들 |

기획 IT · CG 기획부 | **진행** 양종엽 · 장우성 | **집필** 주미니(김민주)
표지 디자인 원은영 · D.J.I books design studio | **편집 디자인** 이기숙 · 디자인 숲

| 책 내용 문의 |

도서 내용에 대해 궁금한 사항이 있으시면,
디지털북스 홈페이지의 게시판을 통해서 해결하실 수 있습니다.

디지털북스 홈페이지 digitalbooks.co.kr
디지털북스 페이스북 facebook.com/ithinkbook
디지털북스 인스타그램 instagram.com/digitalbooks1999
디지털북스 유튜브 유튜브에서 [디지털북스] 검색
디지털북스 이메일 djibooks@naver.com gmail.com
저자 이메일 ismarketing@naver.com

| 각종 문의 |

영업관련 dji_digitalbooks@naver.com
기획관련 djibooks@naver.com
전화번호 (02) 447-3157~8

블로그
포스팅
비법서

CONTENTS

CONTENTS

에필로그

#1 글을 쓰는데 오래 걸리던 나, 요즘의 블로그와 잘 맞다

완벽을 추구하는 필자는 최근 N잡 열풍이 불면서 하루 만에도 완성이 가능하다고 알려진 전자책의 원고를 한 달 만에 완성하기도 하고, 당시 비주얼과 형식, 말투 등에 신경을 쓰느라 추가적인 에너지를 소모하기도 하였습니다. 개인적으로는 소모적이었지만, 결과적으로는 독자 분들께 고퀄리티로 책을 제공해드릴 수 있어 좋았습니다.

일본여행/워홀 50개의 글

글 제목

일본 맥도날드 와이파이 60분이상 이용하기! (일본생활팁) (7)

(D+14) 도쿄도청 전망대에서 무료로 야경관람!

(D+14) 나의쉐어이야기 7 : 주말은 쉐어하우스 친구들과 (4)

(D+13) 도쿄 쉐어하우스 파티에 초대받다 (5)

(D+13) 나의쉐어이야기 6 : 쉐어친구들과 이노카시라 공원 동물원, 한식당

▲ D+14로 막을 내린 워킹홀리데이 일화

글을 쓰며 가독성까지 고려하다 보니 불과 몇 년 전까지만 해도 포스팅을 하는 데에 2-3시간이 소요되었습니다. 몇 해 전 워킹홀리데이를 떠나며 모든 일상을 기

록하고 책을 만들겠다는 다짐은, 글 하나를 쓰고 기진맥진하는 삶을 반복하면서 2주 만에 종료되고 말았습니다. 모든 일상을 포스팅하겠다는 포부를 갖고 하루에 3건씩 글을 쓴 점 또한 쉽게 지쳐버린 요인이 되었습니다. 그 이후에는 완벽함을 덜어내고 좀 더 간편하게 글을 쓸 수 있는 방법들을 고안해내면서 점차 단축된 시간 내에 양질의 포스팅을 할 수 있게 되었습니다.

그러나 완벽주의적 성향을 완전히 덜어내기란 힘든가 봅니다. 여전히 많은 정보들을 꼼꼼하게 글에 담느라 포스팅하는 데에 약 40분~2시간 정도의 시간이 소요되곤 합니다. 그런데 시기적절하게도 그런 글쓰기 스타일이 요즘의 검색 시스템과 잘 맞아 떨어져, 재작년부터는 작성한 대부분의 포스팅들이 상위에 노출되기 시작했습니다. 간단하게 요즘의 검색 시스템에 대해 말씀드리자면 사용자들의 실제 검색 스타일과 포스팅의 퀄리티에 점수를 부여하여 유저가 찾는 정보들이 가득한 글이 상단에 노출되도록 합니다.

▲ 필자의 블로그 최적화 단계와 순위

필자는 몇 달 동안 블로그 포스팅에 많은 시간을 투자하며 하루에 1~2건씩 매일 글을 발행하였습니다. 계속해서 포스팅들을 보완해가며 좋은 글들을 쓰다 보니 상위노출의 경험이 늘어났고, 지수가 쌓이며 블로그는 최적화 최고 단계인 '최적 3', 전체 1,500대 순위로 상위 1% 블로그에 도달하기도 하였습니다(블로그 분석 사이트 Ndev 기준). 최적화 단계가 높아질 수록 보다 쉽게 포털사이트에 검색 노출이 될 수 있습니다. 이렇게 변화한 로직과 함께 정보를 가득 담은 포스팅을 계속하여 발행함으로써 노출이 잘되는 글쓰기 방식을 파악할 수 있었습니다.

#2 이 책은 어떤 분들을 위해 만들어졌는지

"나는 블로거 입니다."라고 당당하게 말하고 싶은 분
☐ 블로그에서의 글쓰기는 어떻게 해야 하는지 감이 잡히지 않는다.
☐ 포스팅을 열심히 했지만 투데이는 증가하지 않는다.
☐ 고퀄리티의 포스팅으로 전문 블로거가 되고 싶다.
☐ 특정 키워드로 검색 시 글이 노출 된 적이 있지만 왜 상위 노출이 된 것인지 설명할 수 없다.

"나는 블로그를 하고 있습니다."라고 말하기는 쉽습니다. 누구나 네이버 아이디 만 있으면 쉽게 블로그를 개설하고, 글을 쓸 수 있기 때문입니다. 그러나 "나는 블로거입니다."라고 말하는 것은 쉽지 않습니다. 그 이유를 곰곰이 생각해보면, 블로거라는 이름이 있을 정도로 직업의식을 지닌 주체이고 블로거라는 주체는 '글을 잘 쓰는 사람'이라는 조건이 뒤따를 것만 같기 때문입니다.

현대 인구의 독서량이 그리 높지 않다는 사실은 잘 알려져 있습니다. 그만큼 글에 익숙하지 않은 사람이 많고, 글을 직접 만들어내는 글쓰기에 관심을 갖기란 더욱 어렵습니다. 글쓰기의 장점에 대해서는 알지만, 글쓰기란 전문가들의 영역이나 타고난 영역으로 여기고 시작하지 못하는 분들이 많습니다. 그런 점에 있어서 블로그를 통해 글쓰기를 시작해보시기를 추천해 드리고 싶습니다.

　　블로그의 세계는 누구에게나 공평하다.

글에 소질이 없는 사람이 전문 블로거가 될 수 있고, 반대로 전문 작가라도 전문 블로거가 되기 힘들 수도 있습니다. 블로그는 온라인 게임과는 달리 고속 성장을 할 수 있는 캐시 아이템이 존재하지 않습니다. 누구에게나 동일하게 적용되는 시스템을 통해 성장할 뿐입니다. 누구나 시간과 노력을 들인다면 그와 비례하여 블로그를 성장시킬 수 있습니다. 그럼에도 캐시 아이템 같은 것을 찾아본다면 현재 읽고 있는 책이나 강의 등을 통해 노하우를 전수받는 방법이 있다고 말씀드리고 싶습니다.

'나는 블로그를 하고 있습니다.'라고 스스로를 소개하는 사람이라면 한 개 이상의 포스팅을 발행해 보았을 것입니다. 그리고 시작했을 때에 비해 블로그 방문자 수가 어느 정도 상승하였을 것이고, 내 블로그에 사람들이 어떤 키워드로 유입이 되는지 확인해본 사람도 있을 것입니다. 또한 특정 키워드로 검색했을 때 내 글이 상위에 노출되는 경험을 해본 사람도 있을 것입니다.

그런데 많은 포스팅을 읽어본 결과 마케팅 업체에서 노릴 만한 상위 검색이 잘 되는 최적화 블로그를 가진 분들까지도 상당수가 검색 노출에 대한 의식이 없이 포스팅을 발행하고 있다는 사실을 알 수 있었습니다. 그런 분들은 주로 요즘 인기 있는 테마로 글을 적으면 '어쩌다' 첫 번째 페이지에 걸려 방문자 수가 올라가고, 1일 1포스팅으로 꾸준한 글을 쓰면 '포스팅 수만큼' 방문자 수가 올라간다는 개인적인 공식을 갖고 있었습니다. 하지만 이렇게 직감에 의지한 생각은 마치 복권을 긁는 것처럼 불확실합니다.

기술은 결점은 있어도 거짓말은 하지 않는다.

감성적인 글에만 신경을 쓸 경우 흔히 할 수 있는 실수 중 하나는 포스팅이 상위 노출 되는 현상을 신의 영역 같은 것으로 생각한다는 것입니다. 그러나 신의 영역 이 아닌 기술의 영역입니다. 블로그 시스템을 관장하는 AI는 기술적으로 짜인 공식에 의해 계산된 점수로 순위를 매기는 일을 할 수 있습니다. 그 점수는 소수점 둘째 자리까지 정교하게 매겨진다고 합니다.

그러나 AI에는 감성이 없기 때문에 부자연스러울 수 있고, 한편으로는 기술적으로 응용이 가능하다는 말이기도 합니다. 감성 글을 쓸 수 있다는 특기에 기술적인 부분을 더하여 포스팅을 상위에 노출까지 시킬 수 있다면 전문 블로거의 영역으로 다가갈 수 있을 것입니다.

가평 호텔 　　　　 에서 즐긴 서울 근교호캉스!

식스센스 한식다이닝, 감각적이었던 　　　　!

청담동 오마카세 　, 강남 오마카세 맛집 등극이요!

▲ 블로그를 통해 얻은 다양한 기회들

필자는 닉네임만 들으면 다 아는 유명한 전문 블로거는 아니지만 원하는 키워드로 포스팅을 쉽게 상위 노출을 시킬 수 있습니다. 그 덕분에 협찬의 기회를 얻어 광고를 하면서도 동시에 블로그의 품질을 떨어뜨리지 않고 높은 방문자 수를 유

지하고 있습니다. 이런 것들을 능력 삼아 책을 집필하기까지에 이르렀습니다. 방
구석에 앉아 잘 키운 블로그 하나로 수많은 이익을 얻을 수 있는데, 시작하지 않
을 이유가 없지 않나요?

이 책을 통해 필자와 같이 평범한 블로거의 예시를 들어 '이 정도쯤은 나도 따라
할 수 있다.'는 자신감을 불어넣어드릴 것입니다. 그리고 필자가 블로그를 파악하
기 위해 오랜 시간이 걸렸던 것보다 더욱 빠르게 블로그를 성장시킬 수 있도록 필
자의 노하우를 제공해드릴 것입니다. 노하우를 알고 난 후에는 포스팅을 할 때 단
5분만 더 투자함으로써 새로운 블로그의 세계를 경험할 수 있을 것입니다. 이 책
을 선택해주신 독자 분들 중 누군가에게는 유익한 참고서가, 누군가에게는 유용
한 공략집이, 누군가에게는 인생의 전환점이 되길 희망합니다.

MEMO

PART 01 블로그의 시작
블로그를 언제부터 왜 시작하였나요?

#1 블로그 히스토리

필자는 스스로를 약 10년 차 블로거라고 소개하고 있습니다. 포스팅 다운 글을 2012년부터 써보기 시작한 이후로 지금까지 세어보면 햇수로 10년 이상이 되었습니다. 글을 제대로 적기 시작한 시기부터 카운팅하였고, 블로그를 개설한 시점을 기준으로 하면 2004년부터이므로 더욱 오래되었다고 볼 수도 있습니다.

▲ 블로그 히스토리

블로그의 역사는 블로그 PC버전에서 '프로필–블로그 히스토리'를 클릭하여 확인
할 수 있습니다.

2004.07.09.
'sevenlove__님의 블로그' 시작
블로그 설명 : 점점 슬픔이 멀어지는것이 보인다

▲ 블로그 히스토리의 지난 기록

필자의 블로그 히스토리에서 눈에 띄는 점은 매년 블로그명이 바뀌었고, 한때는
지나치게 감성적이어서 본인이 쓴 것으로 믿기 힘들다는 점입니다. 2004년까지
무엇이 그렇게 슬펐던 걸까요? 블로그는 감수성 풍부한 소녀시절을 그대로 기록
하고 있었습니다.

여러분의 블로그 역사는 어떤가요?

#2 블로그의 첫 포스팅을 공개합니다

필자는 10년 차 블로거로, 블로그를 시작한다는 첫 글을 쓴 것은 10년 전으로 거슬러 올라갑니다. 현재는 비공개로 설정해 두었지만 2011년 12월 30일 작성하였던 역사적인 첫 글을 공개합니다.

▲ 블로그 첫 글과 댓글

'블로그 시작했다!'라는 간결한 제목과 재밌을지 궁금해 하는 짧은 한마디가 전부로, 친구의 장난스러운 댓글이 딱 하나 달린 이 글은 블로그의 첫 포스팅이었습니다. 당시에는 전문적으로 포스팅하는 방법을 알지 못했고 블로그의 어마어마한 영향력을 몰랐기 때문에 아무런 욕심없이 글을 쓸 수 있었습니다.

비록 첫 포스팅에는 특별한 내용이 없었습니다. 그렇지만 블로그를 개설하고, 제목을 입력하고, 본문을 써보고, 발행해보았던 것만으로도 블로그를 시작했다는 느낌에 휩싸이며 포스팅을 지속할 수 있었습니다. '시작이 반이다'라는 말이 있듯 미약하더라도 무엇이든 일단 시작해보는 것이 중요함을 느낄 수 있습니다.

"블로그도 시작이 반이다"
"블로그의 시작은 미약하지만 끝은 창대하리라"

여러분의 첫 포스팅은 무엇인가요?

#3 블로그를 시작하는 이유

초반에 올린 글들을 떠올려보면 내가 직접 경험한 것들에 대하여 말로는 표현할 수 없는 기분이나, 함께한 사람들과는 공감할 수 없었던 나만의 느낌을 주로 적었습니다. 나의 감성에 대한 가치를 인정받고 싶었던 욕구에서부터 포스팅을 시작했던 것 같습니다. 팬클럽의 일환으로 다음카페 활동을 했던 경력도 있고, 네이버 아이디가 있으니 자동으로 블로그가 개설되기도 한 덕분에 쉽게 접근할 수 있었습니다. 추가로 카페에서 커피를 마시며 블로그를 쓰는 사람이 멋있게 보였던 것도 한 몫을 하였습니다. 요즘에 와서야 유행하는 '디지털노마드'의 삶을 10년 전부터 동경해온 셈입니다.

블로그 : 넘치는 감성을 담아내는 공간

처음 시작했을 당시에는 블로그를 하는 사람이 드물었습니다. 그 덕분에 지인들 사이에서 필자의 블로그는 꽤나 화제가 되었습니다. 주변 사람들에게 블로그가 취미라고 보여줄수록 '파워블로거'라는 별명을 얻게 되었습니다. 지금은 사라졌지만 실제 파워블로그라는 제도가 있었던 시기였고 물론 필자의 블로그는 해당 되지 않았습니다만, 파워블로거는 별명으로서는 그다지 좋은 의미를 담고 있지 않았습니다.

몇 년 전까지만 해도 감성을 표현하는 것은 예술가들의 영역일 뿐 일반인이 감성을 드러내는 것은 조롱의 대상이 되기 쉬웠습니다. 하지만 시대가 바뀌기 시작했습니다. 오히려 감성이 없는 경우에 세상의 변화에 도태되기 쉽고 세상은 더욱 감성에 의해 지배되고 있습니다. 나의 생각은 글·사진 등으로 표현될 수 있으며 부드럽거나 딱딱하거나 하는 등의 표현력은 곧 나의 감성이 됩니다.

여러분이 블로그를 시작한 이유는 무엇인가요?
☐ 맛집 블로거가 되어보고 싶었다
☐ 일상을 기록해보고 싶다
☐ 부수익 파이프라인으로 기대되어서
☐ 사업을 홍보하기 위해
☐ 기타 (   )

#4 네이버 메인에 걸리며
키워드에 눈을 뜨다

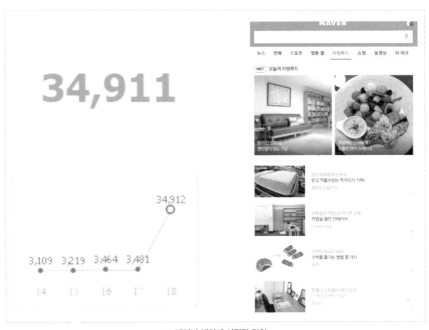

▲ 네이버 메인에 실렸던 경험

블로그 초반 그렇게 나만의 감성을 담은 다방면의 일상들을 꾸준히 포스팅하였습니다. 당시 블로그 노출 시스템에서는 꾸준한 포스팅만으로 쉽게 상위 노출이 가능하였기 때문에 자연스럽게 방문자를 상승시킬 수 있었습니다.

그러던 어느 날에는 하루 방문자 3~4만을 기록하는 경이로운 경험을 하게 되었습니다. 그날 저녁까지도 방문자 수 급증에 대한 이유를 알지 못했고, 애당초 방문자들이 내 블로그에 어떻게 방문하게 된 것인지에 대해 관심이 없었습니다. 그저 내 능력이나 일상을 일방적으로 자랑하고 인정받는 데에만 급급했던 것 같습니다.

포스팅 발행 증가 → 방문자 수 증가 → 방문한 이유에 대한 궁금증
→ 유입분석 → 키워드 위주의 유입임을 파악

방문자 수 급증을 경험한 후에야 방문자들의 유입 이유에 대해 생각해볼 수 있었습니다. 그날의 방문자 폭등의 이유는 필자가 쓴 글이 네이버 메인 화면에 실렸기 때문이었습니다. 또한 방문자 수 평균을 3천대로 끌어올릴 수 있었던 것은 인기 있는 검색어, 즉 키워드 검색 후 상위에 노출되어 있던 포스팅을 통해 많은 유입이 있었다는 것을 알 수 있었습니다.

그때부터 직관적으로 블로그를 바라보기 보다는 통계를 통해 논리적으로 분석해보기 시작했습니다. 키워드에 대해 알게 되면 블로그를 보다 확실한 성과와 함께 운영할 수 있을 것이라는 확신이 들었습니다. 그날 방문자가 증가한 이유를 자세히 들여다보지 않았다면 불확실함으로 인해 지금까지 블로그를 지속하지 못했을지도 모릅니다.

MEMO

PART 02 블로그 브랜딩
포스팅의 가치를 높이는 비법

#1 나는 블로그와 잘 맞을까?

블로그는 누구나 할 수 있습니다. 그런데 특정 성향을 가진 사람일수록 블로그를 하는 것이 훨씬 수월하게 느껴지거나 스스로가 잘 맞는다고 생각할 수 있습니다. 블로그에 특화되었다고 할 수 있는 몇 가지 성향에 대해 꼽아보았습니다. 이미 블로그에 관심을 가지고 이 책을 읽기 시작한 독자님이라면 쉽게 해당이 될 것입니다만, 아래의 성향 중 한 가지와도 가깝다면 블로그를 재미있게 즐기면서 할 수 있을 것입니다.

1. 유행하는 것을 좋아하는가
2. 새로운 것에 관심이 있는가
3. 자랑하는 것이 어색하지 않은가
4. 센스 있다는 말을 자주 듣는가
5. 기록하는 것을 잘 하는가
6. 설명하는 것을 좋아하는가

1. 유행하는 것을 좋아하는가

블로그 포스팅은 하나의 상품과 같습니다. 시즌 별로 읽히는 포스팅이 있고 아무도 찾지 않는 글이 있습니다. 포스팅이라는 상품이 잘 팔렸는지, 팔리지 않았는지는 조회수를 보고 측정할 수 있습니다. 쉽게 생각해보면 대부분의 사람들은 유행이 지난 것보다 지금 유행하는 것을 선호합니다. 따라서 유행하는 것은 검색량이 많고, 검색량이 많은 주제로 쓰인 글은 조회수가 높습니다. 각 포스팅의 조회수를 높이고 유입을 늘려 방문자 수를 올리는 것은 블로거의 궁극적인 목표입니다.

2. 새로운 것에 관심이 있는가

유행과는 조금 별개로 새로 개발된 시스템, 신상품, 최신음악이나 영화 등 새로 등장한 문물에 대해 개방적이고 수용적인 경향의 사람이 있습니다. 이 경우 새로운 것들을 누구보다 더 일찍 받아들이기 위해 관심사와 관련된 최신 소식을 전달해주는 매거진이나 SNS를 구독하여 읽기도 합니다. 이러한 경향일수록 포스팅의 주제가 다채로워 질 수 있습니다. 그리고 새로운 주제는 누적된 데이터가 없기 때문에 글이 인기를 얻을 수 있을지 없을지 확실하지 않습니다. 그럼에도 이들은 반응에 크게 영향을 받지 않고 포스팅을 해 나갈 수 있습니다. 만약 이렇게 작성한 글이 인기를 얻게 된다면 유행의 선두주자가 되어 더 많은 구독자를 이끌 수 있습니다.

3. 자랑하는 것이 어색하지 않은가

검색 사용자들이 검색어를 입력하여 블로그 포스팅을 찾아보는 큰 이유는 정보를 찾아보기 위함입니다. 검색하여 도출되는 여러 개의 글 중에서도 가장 좋은 한 두 개의 글을 선별하여 링크를 수집하거나 화면 캡처를 해서 보관해두기도 합니다. 검색 사용자들이 마음에 드는 포스팅을 선택하는 기준은 내가 따라 하기 좋은지,

따라 하고 싶은 글인지에 달려있습니다. '나도 저 여행지에 놀러 가보고 싶다.', '나도 저 맛집에 먹으러 가보고 싶다.'는 생각이 드는 포스팅을 작성하여 유저들에게 선택되도록 하여야 합니다.

블로그는 자기표현의 수단입니다. 자신만의 자랑하는 언어로 내가 소개하는 곳을 매력적으로 보일 수 있도록 포장할 수 있는 것은 특기가 될 수 있습니다. 특히 가까운 사람들과 소통하는 기타 SNS와는 달리 불특정 다수의 사람들에게 노출되는 소셜 미디어인 블로그는 타인의 눈으로부터 보다 자유롭게 자랑의 언어를 구사할 수 있다는 특징이 있습니다.

4. 센스 있다는 말을 자주 듣는가

센스 있는 사람들은 주로 디테일에 집중합니다. 디테일에 집중하는 사람은 다수의 사람들은 보지 않고 지나칠 수 있는 부분을 발견하고 변화에 민감하게 반응하는 등 세심하고 통찰력이 좋은 편입니다. 이러한 성향은 포스팅의 유형 중 큰 부분을 차지하는 리뷰글을 작성할 때 특히 빛을 발합니다. 리뷰글은 어떤 글보다도 세심하고 정밀하게 작성됩니다. 예를 들면 IT 리뷰의 독자들은 IT 블로거로부터 예약 또는 구매를 하며 겪었던 과정부터 가격비교, 언박싱, 디자인, 기기 작동 방법, 결함 확인, 사용기 등 세부적인 과정들을 리뷰해주기를 기대합니다. 세심한 성향일수록 세부적인 부분들을 잘 캐치해내어 꼼꼼한 리뷰를 할 수 있습니다.

5. 기록하는 것을 잘 하는가

위에서 설명 드린 성향들이 소위 '인플루언서'들만의 남다른 성향으로 느껴져, 위에 해당하지 않았던 분들은 블로그가 멀게만 느껴졌을 지도 모릅니다. 하지만 일반적으로 흔히 볼 수 있는 성향 중에서도 블로그와 잘 맞는 성향을 찾아볼 수 있습니다. 노트나 카메라를 휴대하고 다니며 글이나 사진 등의 기록을 잘 하는 사람들이 있습니다. 특히 요즘에는 IT 기기와 다양한 어플들을 활용하여 스마트하게 기록을 해두는 사람들이 많습니다. 이런 경우 포스팅으로 사용할 글감이 풍부해지고 기록된 것들을 바탕으로 쉽게 기억을 상기시켜 포스팅을 수월하게 작성할 수 있습니다.

6. 설명하는 것을 좋아하는가

기록하는 것 외에도 설명하는 것을 좋아하는 성향일수록 블로그 체질에 가깝습니다. 일상생활에서는 상대방이 질문하지 않았을 때 설명을 하게 되면 환영받지 못할 수 있습니다. 그러나 포스팅은 언제 어디서든 검색 사용자들이 먼저 검색하여 찾아와 읽게 되며 일방적인 독백보다는 설명을 듣고 싶은 경우가 많습니다. 따라서 누군가 읽고 있다는 것을 전제하에 설명을 잘 해준 포스팅일수록 독자의 마음을 끌어당길 수 있습니다.

여러분은 블로그와 잘 맞는 성향인가요?

#2 내가 잘하는 주제 찾기

블로그에서 다룰 수 있는 주제는 크게 4가지가 있고 그에 따른 세부 주제는 총 32가지가 있습니다. 이 중 나의 라이프 스타일이나 관심사와 잘 맞는 주제를 선택하여 대표 주제 또는 서브 주제로 설정하여 블로그를 운영해나갈 수 있습니다. 적절한 주제가 없는 경우를 위하여 '주제 선택 안 함'이라는 선택지도 마련되어 있습니다.

1. 엔터테인먼트 · 예술
1) 문학·책 2) 영화 3) 미술·디자인 4) 공연·전시 5) 음악 6) 드라마 7) 스타·연예인
8) 만화·애니 9) 방송

2. 생활 · 노하우 · 쇼핑
10) 일상·생각 11) 육아·결혼 12) 애완·반려동물 13) 좋은글·이미지 14) 패션·미용
15) 인테리어·DIY 16) 요리·레시피 17) 상품리뷰 18) 원예·재배

3. 취미 · 여가 · 여행
19) 게임 20) 스포츠 21) 사진 22) 자동차 23) 취미 24) 국내여행 25) 세계여행 26) 맛집

4. 지식 · 동향
27) IT·컴퓨터 28) 사회·정치 29) 건강·의학 30) 비즈니스·경제 31) 어학·외국어 32) 교육·학문

많은 주제 중에서 특정 분야를 선택하기란 쉽지 않습니다. 주제는 해당 블로그의 운영 주체와 관련된 분야를 선택하는 것이 가장 바람직하고, 크게 세 가지 분류에 따라 주제를 선택해 볼 수 있습니다.

1. 일상을 담은 주제
2. 직무·전공 등 전문 분야를 살린 주제
3. 취미·관심 분야를 살린 주제

1. 일상을 담은 주제

일상을 담은 주제는 일상 속에서 마주하는 모든 것들이 포스팅의 소재, 즉 컨텐츠가 될 수 있어 가장 접근하기 쉬운 주제입니다. 예를 들면 결혼·육아와 동시에 인테리어·DIY나 요리·레시피가 자연스럽게 일상의 한 부분이 될 수 있습니다. 그리고 매일 외식을 하는 사람이라면 맛집을 찾아다니는 것이 일상 그 자체가 될 수 있습니다. 따라서 큰 주제로는 생활·노하우·쇼핑, 취미·여가·여행 분야가 일상을 담은 주제에 적합하다고 볼 수 있습니다.

2. 직무·전공 등 전문 분야를 살린 주제

사람의 정체성을 가장 쉽게 표현할 수 있는 것은 직무·전공 등 자신의 전문분야입니다. 직업적인 정체성을 가지고 있다면 블로그의 주제를 선택하기 쉽습니다. 간편하게 본인 또는 단체의 전문 분야를 주제로 선택할 수 있습니다. 예를 들면 IT 관련 종사자라면 IT·컴퓨터 주제, 의료인이라면 건강·의학 주제를, 금융인이라면 비즈니스·경제의 주제를 선택할 수 있습니다. 전문 분야와 일치된 주제 선택은 블로그를 더욱 전문적인 블로그로 성장시킬 수 있고, 추가적으로 홍보효과를 얻을 수 있는 장점이 있습니다.

3. 취미 · 관심 분야를 살린 주제

취미란 전문적인 분야 외에도 관심 있는 분야에 즐거움을 목적으로 돈과 시간을 소비하는 행위를 말합니다. 취미가 무엇인지 잘 모르겠다면 어느 분야에 가장 큰 소비를 하고 있는지 살펴보는 것도 한 방법입니다. 컨텐츠 시장에서 소비는 투자와도 같습니다. 소비를 함으로써 경험을 얻을 수 있고, 경험은 글감이 되어 기록이 될 수 있습니다. 이렇게 적힌 기록은 독자들에게 정보를 전달하거나 대리만족을 불러일으킵니다. 취미 · 여가 · 여행 분야 그리고 생활 · 노하우 · 쇼핑, 엔터테인먼트 · 예술의 일부분이 취미 · 관심 분야를 살린 주제와 적합합니다.

여러분과 맞는 주제는 무엇인가요?

#3 어떤 주제가 인기가 많을까?

그런데 어떤 주제가 맞을지 고민해보기 전에 어떤 주제가 조회수가 많고 인기가 많은지 알아보는 것도 중요합니다. 이는 네이버 블로그에서 제공하는 통계자료를 통해 유추해 볼 수 있습니다.

▲ 블로그 평균 데이터

'통계-내 블로그 통계-블로그 평균 데이터-조회수'를 클릭합니다.

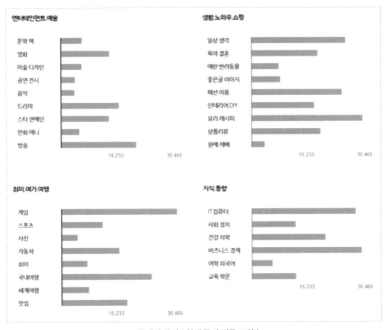

▲ 주제별 상위 1천개 글의 평균 조회수

분기별로 각 주제별 평균 조회수가 비교하기 쉽도록 막대 그래프화되어 있습니다. 위의 예시는 2021.10 기준이며 분기별로 정도의 차이는 있습니다. 그래프를 살펴보면 큰 주제 중에서는 생활 · 노하우 · 쇼핑분야의 조회수가 상대적으로 높고, 엔터테인먼트 · 예술 분야는 낮은 것을 볼 수 있습니다. 또한 세부적으로는 게임, 요리 · 레시피, 비즈니스 · 경제, IT · 컴퓨터, 일상 · 생각, 패션 · 미용, 국내여행 분야의 조회수가 높은 것을 확인해 볼 수 있습니다.

조회수가 높은 주제는 그만큼 경쟁도가 높을 수 있음을 인지해야 합니다. 경쟁도 역시 네이버 블로그에서 제공하는 자료를 통해 대략적으로 유추해 볼 수 있습니다.

▲ 크리에이터 어드바이저

'통계-내 블로그 통계-크리에이터 어드바이저-트렌드-블로그'의 지표에 접속합니다.

▲ 주제별 인기 유입 검색어

이곳에서는 주제별 인기유입검색어를 확인할 수 있으며, 각 검색어의 오른쪽에는 전체 검색에서 해당 검색어로 유입되는 비율이 나타납니다. 주제는 최대 8개까지 선택이 가능하고, 제한 없이 변경할 수 있으므로 확인하고 싶은 주제를 선택하여 볼 수 있습니다. 오른쪽 비율의 숫자가 작을수록 해당 주제의 경쟁도는 높고, 숫자가 클수록 경쟁도는 낮아짐을 예상해 볼 수 있습니다.

#4 내 블로그 브랜딩 해보기

앞서 내가 잘하는 주제에 대해 생각해 보았습니다. 주제가 정해졌다면 주제를 잘 표현할 수 있도록 블로그를 세팅하는 작업이 필요합니다. 브랜드 로고만 보고도 그 회사의 이름을 떠올릴 수 있는 것처럼 블로그를 보는 것만으로도 이 블로그가 표현하고자 하는 정체성을 알 수 있게 하는 것이 좋습니다. 이를 '블로그 브랜딩' 이라고 표현하겠습니다.

▲ 블로그 기본 정보 관리

세팅 작업은 '관리-기본설정-기본 정보 관리-블로그 정보'에서 할 수 있습니다.

블로그 정보

블로그 주소	https://blog.naver.com/	
블로그명		한글, 영문, 숫자 혼용가능 (한글 기준 25자 이내)
별명		한글, 영문, 숫자 혼용가능 (한글 기준 10자 이내)
소개글		블로그 프로필 영역의 프로필 이미지 아래에 반영합니다. (한글 기준 200자 이내)
내 블로그 주제	주제 선택 보류	내 블로그에서 다루는 주제를 선택하세요. 프로필 영역에 노출됩니다.
블로그 프로필 이미지	등록 삭제	프로필 이미지는 가로 161px 섬네일로 생성됩니다. - 블로그 스킨에 따라 섬네일이 축소/확대되어 적용됩니다. 세부 디자인 설정에서 조정해 보세요. 프로필 이미지가 보이지 않는다면? ☑ 네이버 프로필에도 적용합니다.

▲ 블로그 정보

1. 블로그 주소

블로그의 주소는 'https://blog.naver.com/'뒤에 네이버 아이디가 붙는 형태로 자
동으로 설정되며 변경이 불가능합니다. 회사의 공식 블로그를 만드는 경우라면
단체 아이디를 만들 때 회사의 정체성을 투여하는 등 신경 써서 지을 수 있지만,
일반적인 경우 주소는 블로그에 크게 영향을 주지 않습니다.

▲ 검색 노출 시 보이는 블로그명

2. 블로그명

검색 시 노출되는 화면에는 블로그명만 나타나며 별명은 나타나지 않습니다. 따라서 블로그명에 '○○(별명)의 △△(주제 관련)'의 형태와 같이 별명을 적어주고, 어떠한 주제로 블로그를 운영하고 있는지 알려줄 만한 단어나 글귀를 함께 적는 것이 좋습니다. 필자는 여행블로거로서 블로그명에 별명과 함께 '투어'라는 단어를 넣었고, 별명인 '주미니'와의 언어유희를 이루기 위해 '중이니'라는 말을 덧붙였습니다.

3. 별명

별명은 사람들이 기억하기 좋거나 부르기 편한 이름을 사용할 것을 권장합니다. 아이디를 그대로 사용한 '영어+숫자' 조합의 별명의 경우 이웃들이 기억하기에 어렵고 소통 시 사용하기에도 불편하므로 피하는 것이 좋습니다. 네이버 아이디와 달리 블로그 별명은 타인과 중복 사용이 가능합니다. 하지만 큰 블로그로의 성장을 염두에 두고 브랜딩을 할 목적이라면 통합검색 시 이미 노출이 되고 있는 별명 혹은 이미 인플루언서로 선정된 별명과는 최대한 겹치지 않도록 합니다.

4. 소개글

소개글에는 나를 표현할 수 있는 수식어를 적어두면 좋습니다. 예를 들면 맛집을 주로 포스팅하는 사람이라면 '맛잘알(맛있는 곳을 잘 알고 있다)', '잘 먹고 다니는', '프로 먹방러' 등의 수식어를 붙여볼 수 있습니다. 이렇게 정한 수식어는 포스팅의 시작 부분에서 소개 인사와 함께 쓰일 수도 있습니다.

또한 소개글에는 블로그에 주로 어떤 주제의 컨텐츠들을 업로드하고 있는지 키워드들을 적어볼 수 있습니다. 그리고 마지막에는 메일 주소, 전화번호, 기타 SNS 아이디 등을 기재하여 협업 제안을 받거나 외부 채널이 홍보가 될 수 있도록 합니다.

5. 내 블로그 주제

앞장에서 살펴보았던 32가지 주제 중 한 가지를 선택하여 내 블로그의 전체 주제를 설정할 수 있습니다. 모바일 블로그 화면에서는 방문자들에게도 블로그 주제가 나타나기 때문에 보여지는 것도 고려하여 설정하면 좋습니다. 주제 설정은 보여지는 것뿐만 아니라 뒷부분에서 설명드릴 기술적인 부분과 크게 연관되기 때문에 신중하게 선택하는 것이 좋습니다.

▲ 프로필 이미지 노출 화면

6. 블로그 프로필 이미지

블로그 프로필 이미지가 보이는 화면은 주로 검색 시 노출되는 화면에서 블로그명의 왼쪽 부분, 포스팅의 제목 아래 부분 그리고 댓글에서 닉네임의 왼쪽 부분입니다. 아주 작게 노출되기 때문에 클릭을 유도함에 있어 프로필 사진의 영향력은 크지 않은 편입니다. 그렇지만 프로필의 색깔이나 로고 이미지를 통해서는 인식되기가 쉬우므로 이를 고려하여 프로필 이미지를 설정할 것을 추천합니다.

7. 카테고리(블로그 메뉴)

카테고리는 블로그의 전문성을 가장 직접적으로 나타내주는 요소입니다. 검색 사용자는 검색을 통해 블로그에 유입이 되고 그 포스팅이 마음에 들었을 경우 해당 블로그의 다른 글까지 읽어보고 싶게 됩니다. 다른 글을 확인하기 위해서는 그 블로그의 메인화면으로 이동하거나, 카테고리를 확인하여 관심 있는 주제의 카테고리로 이동할 것입니다. 후자의 경우 주제에 맞추어 카테고리화가 잘 되어 있다면 검색 사용자는 보고 싶은 글을 간편하게 찾아볼 수 있습니다. 반면 모든 글들이 하나의 카테고리에만 몰려 있다면 검색 사용자는 복잡한 구성에 피곤함을 느끼고 금방 블로그를 이탈할 가능성이 높습니다. 처음 시작한 블로거라면 간단하고 큰 단위의 카테고리부터 만들어 채워나가는 것이 좋으며, 포스팅이 쌓일수록 세분화해나가는 것을 권장합니다.

PART 03 블로그 포스팅이란

블로그에서의 글쓰기는 무언가 다르다

BLOG

#1 블로그 글이 일반 글과 다른 특징

블로그에 글을 쓰는 데에는 에세이, 독후감, 보고서 등 일반 글쓰기와는 다른 여러 가지 기술이 필요합니다. 이 기술을 사용할 수 있다면 전문적인 작가도 파워블로거가 될 수 있고, 글쓰기에 소질이 없는 사람도 글을 쓸 줄 아는 블로거가 될 수 있습니다. 모든 사람이 블로거가 될 수 있지만 블로그 글쓰기 기술을 알지 못하면 아무나 전문 블로거가 될 수 없음을 뜻하기도 합니다.

그런데 블로그 글은 '포스팅'이라는 새로운 용어로 불리어 집니다. 단어 자체가 하나의 행위를 의미하기도 합니다. 따라서 일반 글과는 구별되는 몇 가지의 차이점이 있습니다. 블로그 글쓰기가 일반 글쓰기와는 다른 점을 몇 가지 추려보았습니다. 이를 먼저 이해한다면 블로그 글쓰기를 시작하는 데에 대한 마음가짐을 달리할 수 있고, 보다 빠르게 전문 블로거의 영역으로 다가갈 수 있습니다.

블로그 글쓰기가 일반 글쓰기와는 다른 점

1. AI 로봇에 의해 평가받는다.
2. 네티즌의 행동에 민감하다.
3. 웹 플랫폼의 사용에 능숙해야 한다.
4. 구어체의 말투를 사용한다.
5. 가치 있는 정보가 담겨 있어야 한다.
6. 빠른 시간 내에 한 눈에 읽을 수 있어야 한다.
7. 사진 등의 시각 자료가 필요하다.

1. AI 로봇에 의해 평가 받는다.

일반 글은 하나의 완성된 결과물의 형태로 글과 관련하여 권위 있는 사람들에 의해 평가를 받고 가치를 인정받을 수 있습니다. 상 또는 학위를 받거나 등단, 출간 등의 결과로 나타납니다. 반면 블로그 글은 각 페이지가 하나의 글이 되며, 각각의 페이지는 사람이 아닌 AI 로봇에 의해 점수를 부여 받고 평가받습니다. 평가의 결과는 노출 상태, 방문자 수, 유입 검색어 등을 통해 간접적으로 확인해 볼 수 있습니다.

2. 네티즌의 행동에 민감하다.

블로그 운영의 가장 일차적인 목표는 방문자 수를 늘리는 것입니다. 블로거들은 유입수를 늘리기 위해 네티즌들이 자주 검색하는 키워드를 사용하여 글을 쓰게 됩니다. 특히 포스팅이 상위에 노출되어야 유입을 늘릴 수 있습니다. 노출과 관련하여 새로 개정된 포털 사이트들의 검색 로직은 네티즌의 검색 행동을 위주로 노출을 결정하고 있습니다. 포스팅 또한 유입된 방문자의 사용 행태에 따라 평가됩니다. 포털 사이트와 더불어 블로그는 네티즌의 행동에 더욱 민감하게 변화하고 있습니다.

3. 웹 플랫폼의 사용에 능숙해야 한다.

일반 글쓰기는 메모장에 타이핑을 한 결과만으로도 글의 가치를 인정받을 수 있습니다. 누구나, 어디에서든 펜으로 종이에 적는 것만으로 가능합니다. 반면 블로그는 네이버, 티스토리 등의 웹 사이트에 접속하여 가입을 하고, 블로그를 개설하고 꾸미고 관리하는 등의 조작을 필요로 합니다. 글을 쓸 때에는 각각의 웹 플랫폼마다의 에디터 사용법에 대한 이해를 필요로 하며, 포스팅을 처음 작성해보는 사람이라면 익숙해지는 데에 시간이 걸릴 수 있습니다. 여기에 추가로 검색 로직에 대한 이해가 덧붙여지면 전문적인 블로거로 성장할 수 있습니다.

4. 구어체의 말투를 사용한다.

블로그 글이 일반 책이나 논문의 말투로 적혀있다면 사람들은 글을 읽는 데에 대한 부담감을 느끼고 1초도 지나지 않아 뒤로 가기를 누를 것입니다. 대부분의 포스팅은 읽기 쉬운 가벼운 말투로 되어 있습니다. 전문적인 블로그더라도 글을 읽어보면 부담 없이 금방 읽히는 것을 알 수 있습니다.

블로그 글은 네이버에 검색하는 것만으로 쉽게, 게다가 무료로 정보를 찾아볼 수 있습니다. 그렇기 때문에 누구나 전문성이나 권위에 대해 큰 기대를 하지 않고 스크롤을 빠르게 내려가며 내가 원하는 정보만을 골라 얻으려는 경우가 많습니다. 이런 상황에서는 방문자가 글을 읽느라 페이지에 최대한 오래 머물 수 있도록 이탈을 줄이는 것이 중요합니다. 그러기 위해서는 읽기 편한 구어체의 말투를 사용하는 것이 좋습니다.

5. 가치 있는 정보가 담겨있어야 한다.

앞서 언급한대로 블로그의 글은 구어체를 사용하고 있기 때문에 글을 소리 내어 읽어보면 누군가에게 설명하고 있는 듯한 뉘앙스를 느낄 수 있습니다. 블로그 포스팅은 설명문의 일종이며 글 안에는 정보가 담겨있습니다. 사람들이 시간이라는 자원을 쓰면서 포털 사이트에 열심히 검색을 하는 이유는 필요한 정보를 찾아내기 위함입니다. 방문자에게 많은 정보를 제공해 줄 수 있는 블로거는 좋은 블로거로 불립니다.

양질의 정보를 제공하는 글을 적는 데에는 긴 시간이 소요되지만 포스팅을 하는 노력의 가치는 높이 인정되지 않는 경향이 있습니다. 또한 노력한 만큼의 대가를 받을 수 없는 점은 많은 블로거 분들이 아쉬워하는 부분입니다. 블로거의 가치가 높아지기 위해서는 블로거들은 앞으로 더욱더 양질의 컨텐츠를 생산해나가야 하며, 퍼주기식의 정보성 포스팅보다는 수익화가 될 수 있는 방안을 모색해 나가는 것이 필요합니다.

6. 빠른 시간 내에 한눈에 읽을 수 있어야 한다.

일반 글은 긴 줄글로 되어 있어 집중한 상태에서만 읽을 수 있습니다. 반면 블로그 글은 주의가 분산된 상태에서도 읽을 수 있고, 가운데 정렬로 되어 있는 글이 있는 등 글이 간결하고 빠르게 읽어집니다.

블로그 글의 개념을 쉽게 이해하기 위해 하나의 홈페이지 내의 하나의 페이지와 비교해보면 좋습니다. 유저는 홈페이지에 접속하여 관심 있는 카테고리에 들어가고, 해당 페이지에 위치한 필요한 정보만을 확인합니다. 긴 줄글만으로 된 페이지를 더 선호하는 것이 아닌지 생각해 볼 수도 있습니다. 하지만 스크롤만 내려 정보만 보고 페이지를 벗어나는 것 보다(5초 이상), 접속하자마자 긴 줄글을 보고 피곤함을 느껴 페이지를 벗어나는 시간(1초 미만)이 방문자의 체류시간을 줄이는 것에 영향을 줄 수 있습니다. 몇 가지의 정보들을 한 페이지 내의 곳곳에 가독성 있게 분산시켜 담는다면 방문자의 체류시간을 높일 수 있습니다.

7. 사진 등의 시각 자료가 필요하다.

방문자들은 글을 읽지 않은 채 사진만으로 포스팅을 보고 넘어가는 경우가 많습니다. 포털 사이트의 '이미지 검색 탭'에서 찾은 사진으로 포스팅을 클릭하고 쭉 스크롤을 내려 사진만 확인한 후 페이지를 이탈하는 검색행동도 있을 정도입니다. 특히 리뷰 형태의 포스팅에서 그러한 경향이 더욱 강합니다.

블로그의 장점은 글과 이미지 두 가지를 동시에 이용하여 정보를 효과적으로 전달할 수 있다는 것입니다. 이 책을 읽는 도중에도 첨부된 사진만 본 후 글의 내용은 어렴풋이 훑고 넘어가는 경우가 있었을 것입니다. 혹은 사진의 느낌으로 직관적으로 이해하고, 그 느낌을 통해 주관적으로 글을 해석하는 경우도 있었을 것입니다. 블로그 글은 디지털 매체를 이용하여 읽는 글이기 때문에 시각적인 효과에 더욱 민감합니다. 따라서 사진을 활용하여 글에 감성을 담는다면 더욱 효과적인 포스팅을 할 수 있습니다.

블로그와 동영상

▲ 네이버TV와 유튜브

유튜브의 성장으로 인해 영상 컨텐츠에 대한 수요가 급증하면서 블로그 컨텐츠는 큰 경쟁상대를 맞이하였습니다. 트렌드에 발맞추어 네이버에서도 영상 컨텐츠 생산을 독려하기 위해 지원과 서비스를 시작하였습니다. 영상이 첨부된 포스팅이 비교적 상위에 잘 노출되기도 하고, 동영상 탭이 상위에 배치되기도 하며, 네이버 tv 채널이 활성화되기도 하였습니다.

그런데 유튜브와 네이버tv 채널을 동시에 개설한 영상 크리에이터의 채널별 구독자 수가 큰 차이가 나고, 블로그 내의 영상 조회수가 포스팅 조회수에 크게 미치지 못한 것을 보면 사용자들의 반응이 기대했던 것만큼 열정적이지는 않은 것 같습니다. 그렇지만 블로그 컨텐츠 제작자는 영상 컨텐츠와의 상생을 계속해서 염두에 두어야 합니다. 트렌드를 따라갈 수 있도록 네이버의 영상 컨텐츠 시장 공략에 대해 지속적으로 집중하는 자세가 필요합니다.

#2 블로그 글에도 종류가 있다

포털 사이트에서 블로그 글을 찾기 위해 검색을 하고 클릭하여 읽어보면 모든 글들이 비슷한 장르의 글인 것처럼 보입니다. 글에 이미지가 첨부되어 있기도 하고 이모티콘 등이 포함된 가벼운 말투를 사용하는 등 외형이 비슷해 보이기 때문입니다.

그러나 블로그를 운영하다보면 글마다 성격이 다르고, 글의 종류가 몇 가지의 갈래로 나뉘어져 있다는 것을 자연스럽게 알 수 있습니다. 글의 성격과 종류를 미리 파악한 상태에서 글을 쓴다면 좀 더 글을 쓰는 목적에 부합하면서 유저들이 원하는 포스팅을 완성할 수 있습니다. 직접 개인 블로그 및 회사 블로그 운영한 경험을 통해 블로그 글에는 다음과 같이 크게 4가지 종류가 있다는 사실을 파악할 수 있었습니다.

블로그 글의 종류 (블로그 지수와의 상관관계)

1. 일상글 (+)
2. 정보성글 (+)
3. 홍보글 (+/-)
4. 광고글 (+/-)

'+'는 블로그 지수에 플러스 요인, '-'는 블로그 지수를에 마이너스 요인

1. 일상글

- **목적**: 개인적인 일상을 기록하기 위함
- **예시**: 일기, 여행일지, 먹방일지

블로그가 만들어진 취지에 가장 부합하는 종류의 글입니다. 블로그는 유저가 일기 형식으로 적은 일상을 공유하고 이웃과 소통하도록 합니다. 그리고 포스팅 내용과 관련된 키워드의 광고를 페이지 곳곳에 게재하여 클릭을 유도한 수익화 모델입니다.

초반의 네이버 블로그 시스템은 일상글에 가장 최적화 되어있었기 때문에 일상글을 적을수록 블로그는 성장하였습니다. 하지만 검색 활동이 더욱 활발해지면서 검색 사용자의 행동 방식은 이웃과의 소통보다는 검색하여 필요한 정보만을 획득하는 방식으로 변화하였습니다. 따라서 검색으로는 찾지 않는 일상글은 상대적으로 클릭이 적고 블로그 성장에서도 영향력이 낮아지게 되었습니다. 현재의 검색 시스템에서 사적이기만 한 일상글은 블로그 점수를 크게 부여받기 어렵습니다.

2. 정보성글

- **목적**: 유용한 정보를 전달하기 위함
- **예시**: 맛집정보, 여행정보, 리빙꿀팁, 경제 정보, IT정보

최근 블로그 지수에 가장 큰 점수를 부여하는 글은 정보성 글입니다. 사람들이 블로그 글을 보는 큰 이유는 글에서 필요한 정보를 얻어내기 위함입니다. 포털 사이트는 유저들의 더 많은 사용을 유도하기 위해 사람들이 원하고 찾는 포스팅일수록 좋은 점수를 부여하고 상위에 노출시켜 줍니다.

그런데 일상글과 정보성글은 주제가 비슷하여 혼동될 소지가 있습니다. 그 차이를 쉽게 비교해본다면, 밥을 먹었다는 사실과 느낌 등만 기록한다면 일상글, 방문했던 가게에 대한 다양한 정보를 담았다면 정보성글로 분류할 수 있습니다. 사람들은 '이번주 먹방 일지'를 검색하여 일상글을 찾기보다는 '가게 이름'이나 '메뉴', 'OO맛집'을 검색하여 음식점 정보를 찾아낼 것입니다.

수익화 팁

정보성 글은 해당 정보가 직접적으로 필요한 사람들이 주로 읽습니다. 글에 달린 광고를 클릭할 확률이 일상 글보다 높고 구매로 이어질 확률 또한 높아 광고의 단가도 높은 편입니다. 상품의 가격 자체가 높고, 판매 경쟁이 높은 상품의 키워드를 찾아 글을 쓰면 애드포스트 수익을 높일 수 있습니다. IT전문 블로거들이 늘어나고 있는 이유와 연결되기도 합니다.

3. 홍보글

- **목적**: 홍보하려는 대상의 활동내역을 직접 알리고 이미지를 제고하기 위함
- **예시**: 기업의 공식 블로그 글, 공공기관에서 운영하는 블로그 글

홍보글은 기업, 기관, 자영업자 등이 직접 블로그를 운영하며 사내 활동을 홍보하거나 이미지를 제고하기 위하여 올리는 글로, 소식지의 기능을 합니다. 고객에게 친근하게 다가가기 위한 용도로 주로 사용됩니다. 최근에는 코로나 확진자 정보나 동선 등의 실시간 정보를 빠르고 쉽게 전달하기 위한 용도로 블로그 글이 이용되기도 합니다.

4. 광고글

- **목적**: 다른 업체에서 대가를 받고 요청된 내용 혹은 긍정적인 내용을 담은 글
- **예시**: 체험단글, 기타 대가성글

포스팅을 읽다가 가장 하단에서 아래와 비슷한 내용의 문구를 발견했던 경우가 자주 있었을 것입니다.

'본 포스팅은 업체로부터 서비스를 지원받고 작성된 후기입니다.'

이는 업체로부터 경제적인 대가를 지원받고 포스팅을 발행해 준 경우입니다. 주로 체험단처럼 상품이나 서비스를 직접 체험한 후 생생한 후기를 작성해주는 경우가 많고, 글과 원고가 제공되는 경우도 있습니다. 블로그가 하나의 광고매체의 개념으로 활용되는 것이라고 보면 이해하기 쉽습니다.

대가로는 서비스를 무료로 이용하는 것 혹은 원고료의 형태로 지원을 받습니다. 원고료는 블로그의 최적화 정도, 인지도 등에 따라 몇 천원부터 몇 백 만원의 단위까지 천차만별로 형성되어 있으며 발행 시점, 노출 반영 여부를 기준으로 지급되기도 합니다. 광고글은 블로그로 거두어들일 수 있는 수익에서 가장 높은 비율을 차지하는 글입니다.

그런데 해당 상품에 충성적인 팬이거나 개인적인 만족을 달성하기 위하여 대가 없이 광고글이 작성되는 경우도 있습니다. 이러한 성격으로 인해 비용을 들이지 않고 마케팅 효과를 얻을 수 있다고 하여 블로그를 언드 미디어(Earned Media)라고 일컫기도 합니다.

Blogger's Tip

1. 엔터테인먼트 · 예술

Q1 네이버에서 좋아하지 않는 글의 종류는 무엇인가요?

A 홍보글과 광고글입니다.
홍보글과 광고글을 잘못 게재할 경우 검색 시 누락처리가 되는 현상을 보며 이를 확인할 수 있습니다. 이런 경우 블로그 지수의 하락이 있을 수 있다고 알려져 있습니다. 홍보와 광고글은 동시에 같은 키워드, 사진, 내용 등으로 여러 개의 포스팅이 발행되기 쉬우므로 유사문서로 분류되며 검색누락이 됩니다. 네이버는 유사문서를 대표적인 어뷰징 문서로 처리하고 있습니다.

Q2 블로그를 운영하려면 한 종류의 글만 써야하나요?

A 모든 글의 종류들을 균형감 있게 적는 것이 가장 좋습니다.
일상글만 적어서는 블로그를 성장시키기 어려우며, 정보성 컨텐츠만 게재할 경우에는 글감이 금방 고갈될 수 있습니다. 광고글만 올리는 경우에는 블로그 자체의 신뢰도가 떨어질 수 있습니다.

Q 수익화 블로그를 운영하려면 어떤 글을 주로 써야 하나요?

A 수익화에 큰 비중을 차지하는 것은 광고글입니다.
그런데 광고글을 쓰게되면 지수가 상승하는 경우도 있지만, 지수의 하락이 올 가능성도 큽니다. 이를 보완하기 위해서 파워블로거들은 광고로 하락된 지수를 정보성글로 채워주는 전략을 통해 저품질로 떨어지지 않도록 블로그 지수를 유지하곤 합니다.

Q4 네이버가 각 포스팅의 글의 종류를 가려낼 방법이 있을까요?

A 주제 및 키워드 위주로 분류될 수 있습니다.
분류 방법 중 가장 간단한 방법은 사용자가 글 발행시에 직접 설정한 글의 주제를 통해 확인하는 것입니다. 예를 들어 일상·생각 등이 선택되었다면 일상글, 요리·레시피 등이 선택되었다면 정보글로 나뉘는 등의 방법으로 1차적으로 분류될 수 있습니다. 또한 검색광고가 설정되어 있는 키워드 정보를 바탕으로 광고글을 분류해낼 수 있습니다. 이는 검색 시에 파워링크 등의 광고가 노출 되는 키워드를 말합니다.

#3 잘 쓴 글 vs 못 쓴 글: 결국 노출이 되면 잘 쓴 글

잘 쓴 글과 못 쓴 글을 직접 확인해 볼 수 있는 팁을 드리자면 '홍대 맛집'이라는 키워드를 '최신순'으로 검색해보면 좋습니다. '홍대 맛집'은 조회수가 높은 초대형 키워드이고 쉽게 접근할 수 있는 주제로, 시시 각각 많은 글이 게재됩니다. 그 덕분에 다양한 블로그 글의 종류들을 다량으로 확인해 볼 수 있습니다.

못 쓴 글의 유형부터 그와 대조를 이루는 잘 쓴 글의 유형을 리스트업하였습니다. 각각 비교해가며 읽어보면 좋습니다. 잘 쓴 글과 못 쓴 글에 대한 판단은 저자의 주관적인 의견이 담겨있을 수 있으므로 참고바랍니다.

● 못 쓴 글의 유형

1. 제목에 키워드가 담기지 않은 글
2. 제목과 본문 내용이 다른 글
3. 글자수가 적고 내용이 빈약한 글
4. 하루 일과 동안 찍었던 모든 사진들을 올린 글
5. 비속어, 은어, 외래어, 유행어, 이모티콘 등을 남용한 글
6. 사진이나 소제목, 인용구 없이 글만 빼곡하게 적혀 있는 글
7. 정렬되지 않은 사진과 글, 필기체 폰트 사용으로 읽기 불편한 글

● 잘 쓴 글의 유형

1. 제목에 적절한 조회수의 키워드가 적절한 개수로 담긴 글
2. 제목과 본문 내용이 같고 키워드가 본문에 적절한 수로 사용된 글
3. 1,500~2,000자 이상의 글자수로 이루어진 글
4. 필요한 사진만 글의 구성에 맞게 사용한 글
5. 맞춤법과 표준어를 잘 맞추어 쓴 글
6. 소제목, 인용구, 구분선 등 수식을 사용하여 보기 좋게 편집한 글
7. 바르게 정렬된 사진·글, 적당한 크기의 깔끔한 폰트로 읽기 편한 글

　　　　　　　　　　　　　　　　　　　노출이 잘 되는 요소를 담은 글: 1~3번

1. 제목에 적절한 조회수의 키워드가 적절한 개수로 담긴 글

예를 들면 '○월 ○일', '제목짓기 귀찮다' 등의 제목으로 키워드가 확인되지 않는 글이나, '○○맛집 △△맛집 ㅁㅁ맛집' 등으로 높은 검색량의 키워드를 과도하게 사용한 글이 있습니다. 이런 경우 AI에 의해 포스팅의 키워드가 인식되지 않고 문서의 정확도가 낮게 판단되어 검색 노출이 되기 어렵습니다. 따라서 제목에는 1~3가지 키워드만을 담아 포스팅에서 어떤 주제를 이야기할 것인지 명확하게 나타내는 것이 좋습니다.

2. 제목과 본문 내용이 같고 제목의 키워드가 본문에 적절한 수로 사용된 글

제목과 본문의 내용이 다른 글은 읽는 사람들로 하여금 신뢰도를 낮출 수 있습니다. 제목을 보고 클릭하여 읽어본 독자는 예상했던 본문의 내용과 달라 실망할 것입니다. AI 역시 글의 제목과 본문 내용이 다른 것을 판단해낼 수 있습니다. 제목과 본문의 내용을 일치시키면 글의 정확도를 올리고 노출 반영에 점수를 얻을 수

있습니다. 이를 위해서는 제목의 키워드를 본문에 3~10번 정도 자연스럽게 반복해주는 작업이 필요합니다.

3. 1,500~2,000자 이상의 글자수로 이루어진 글

블로그 글의 점수를 판단할 때 사용되는 가장 중요한 재료는 본문의 텍스트입니다. 사진이나 영상의 퀄리티가 좋더라도 텍스트가 바탕이 되지 않으면 글의 정확도를 판가름 할 수 없습니다. 긴 글자수가 상위 노출에 있어 절대적인 조건인 것은 아니지만 사람들이 읽는 시간을 늘여주고 AI를 통해 좋은 글로 인식될 확률이 높아집니다.

1,500자~2000자 이상 직접 꼼꼼하게 적은 글은 사이사이에 포함된 다양한 내용을 바탕으로 유사문서로 판단될 위험을 피해갈 수 있습니다. 동시에 다른 글들과 어느 정도의 공통점을 통해 정확도를 높일 수도 있습니다. 본문 내용은 다른 글들과 완벽하게 같지도, 너무 다르지도 않아야 한다는 점에서 AI가 점점 더 정교하고 고도화 되고 있음을 느낄 수 있습니다.

가독성에 좋은 요소를 담은 글: 4~7번

4. 필요한 사진만 글의 구성에 맞게 사용한 글

하루 일과 혹은 며칠 간 찍어 두었던 모든 사진 한 포스팅에 모아 담는 것은 보는 사람들로 하여금 스크롤의 압박을 일으킵니다. 필요한 사진들만 골라 그룹화하고 소주제를 구성하여 배열한다면 가독성을 높일 수 있습니다. 최근에는 많은 수의 사진을 과도하게 업로드한 글이 노출 순위에서 밀리는 현상도 발생하고 있어, 적절한 수의 사진을 사용할 것이 권장됩니다.

5. 맞춤법과 표준어를 잘 맞추어 쓴 글

맞춤법이 틀린 글이나 비속어, 은어 등을 사용한 글은 독자들이 읽기에 불편하고, 블로그의 자체의 신뢰도를 떨어뜨릴 수 있습니다. 에디터 내에 있는 맞춤법 검사 기능을 이용하여 읽기 편한 글로 다듬어 줍니다.

6. 소제목, 인용구, 구분선 등 수식을 사용하여 보기 좋게 편집한 글

블로그에는 소제목, 인용구 등 매거진형으로 포스팅을 작성할 수 있는 기능들이 있습니다. 이를 활용하여 소제목을 만들어주고, 인용구를 이용하여 강조를 하거나, 구분선으로 문단을 구분해주면 한눈에 보기 편한 포스팅을 완성할 수 있습니다.

7. 바르게 정렬된 사진 · 글, 적당한 크기의 깔끔한 폰트 사용으로 읽기 편한 글

네이버 블로그에서는 각 사진마다 사진의 너비를 설정할 수 있습니다. 그런데 이 부분이 사진마다 다르게 설정되어 있거나, 글의 정렬이 하나로 통일되지 않을 시에는 무질서한 느낌을 줄 수 있습니다. 사진과 글의 정렬 설정을 통일하여 보기 좋게 정렬하는 것이 좋습니다. 또한 필기체의 등 기울어져 있어 읽기 힘든 폰트를 사용하기 보다는 기본 고딕 등의 깔끔한 기본 서체를 사용하는 것이 읽기에 편합니다.

결과적으로 잘 쓴 글이란
- ☑ 노출이 잘 된 글,
- ☑ 가독성이 좋은 글로 요약해볼 수 있습니다.

#4 블로그 포스팅을 잘 하면 좋은 점

글을 쉽게 사람들에게 노출시킬 수 있다. → 경제적, 개인적으로 이점

앞에서 알아본 것처럼 블로그 글쓰기, 즉 포스팅을 잘하게 된다는 것은 노출을 잘 시킨다는 말과도 같습니다. 노출을 잘 시키게 되면 내 블로그가 쉽게 눈에 띄게 되고 방문자 수가 증가하게 됩니다. 그리고 그것은 경제적이고 개인적인 이점을 가지고 있습니다.

1. 경제적으로 좋은 점

1) 협찬 및 원고료를 더 쉽게 받을 수 있다.

체험단 사이트에서 선정이 될 확률이 높아집니다. 체험단이 되면 여러 가지 물품이나 서비스 등의 혜택을 받을 수 있어 생활비, 식비 등을 크게 절약할 수 있습니다. 블로그가 더 성장하게 되면 마케팅회사의 협업 제안 등으로 원고료를 받고 포스팅을 하며 더 큰 수익을 창출할 수도 있습니다.

2) 마케팅 비용을 절감할 수 있다.

블로그 마케팅은 가장 보편적인 마케팅 중 하나입니다. 회사마다 블로그를 관리하는 직원을 별도로 채용하거나 외부에 대행을 맡겨 운영하는 경우가 있습니다. 그런데 블로그를 직접 운영할 수 있다면 블로그 마케팅에 사용할 비용을 절감할 수 있습니다.

3) 아이템을 소개하는 것에 능숙해진다.

리뷰 등의 포스팅을 하는 것은 쇼핑몰의 상세페이지를 작성하는 것과 유사합니다. 특히 스마트스토어의 상세페이지 화면은 네이버 블로그의 에디터와 같은 작성 툴을 사용하고 있어 포스팅 능력이 있다면 이를 활용하기 쉽습니다.

4) 사업 홍보에 대한 자신감이 생긴다.

포스팅을 기획 · 홍보 · 노출하고, 반응을 확인하는 일련의 과정은 사업의 과정과 닮아있습니다. 성공적으로 상위에 노출을 시킬 수 있다면 성취감과 함께 사업에도 자신감을 불어넣을 수 있습니다. 홍보수단으로서 든든한 자산이 되기도 합니다.

2. 개인적으로 좋은 점

1) 온라인 영향력이 생긴다.

블로거가 되면 정보를 필요로 하는 사람들에게 정보 제공자의 입장이 되어 읽는 사람에게 영향력을 미칠 수 있습니다. 더 나아가 포스팅이 상위에 노출이 되면 온라인상에서의 공신력을 얻을 수도 있습니다. 동시에 그만큼의 책임감이 뒤따른다는 사실도 인지하고 있어야 합니다.

2) 웹을 다루는 기술이 생긴다.

블로그는 하나의 홈페이지라고 볼 수 있습니다. 그리고 각각의 포스팅은 사이트를 구성하는 페이지가 됩니다. 포스팅을 작성하면서 제목, 본문, 사진 등을 가독성 있게 배치하거나 블로그를 꾸미는 등 보는 사람들로 하여금 읽기 편하게 하는 작업을 반복하다보면 웹을 다루는 기술이 생겨납니다.

3) 정보수집 능력이 빨라진다.

블로거는 포스팅을 업로드하기 위해 끊임없이 새로운 컨텐츠를 찾기도 하고, 포스팅 내에 다양하고 정확한 정보를 채워 넣기 위해 온·오프라인으로 정보를 수집하게 됩니다. 나만의 검색 키워드를 갖게 되거나, 좋은 사이트를 알게 되는 등 정보를 찾는 스킬이 길러지게 됩니다.

4) 사진 실력이 좋아진다.

블로그는 글뿐만 아니라 사진이 메인 컨텐츠로 구성되어 있습니다. 블로그 운영을 지속하게 되면 일상을 사진으로 담는 일이 습관이 되고, 촬영하는 빈도가 많아지게 됩니다. 좋은 썸네일을 건지기 위해 연구하고, 포스팅을 돋보이기 위해 다각도로 촬영하다 보면 자연스럽게 사진 촬영 솜씨가 발전하게 됩니다.

MEMO

PART 04

블로그 로직과 포스팅
점점 더 유저 맞춤형으로

#1 문제점을 보완해가며 변화한 주요 로직의 역사

▲ 네이버 검색 시 노출되는 다양한 탭

포털 사이트에 검색을 하면 다양한 검색 결과들이 나열됩니다. 검색어마다 통합, 이미지, 지식iN 등 여러 가지의 탭이 저마다의 순서로 존재하고, 탭 안에서도 서너 개의 글들이 가장 먼저 표시됩니다.

보통 일반적인 검색 사용자들은 나열 순서에 대해 별다른 의구심 없이 표시된 결과를 그대로 받아들입니다. 그러나 일반 검색 사용자가 블로거가 되어보면 내 글이 맨 위에 노출되지 않는 현상을 통해 포스팅의 노출 순서를 관장하는 내부 시스템이 있음을 눈치 채게 됩니다. 이를 '검색 로직' 또는 '검색 알고리즘'이라고 부릅니다. 검색 로직은 블로그, 포스트, 카페 글 등의 사용자 창작 콘텐츠(UCC, User Created Contents)에 주로 적용됩니다.

	리브라(Libra) ~2016	씨랭크(C-Rank) 2016~	다이아(D.I.A) 2018~
요약	성실한 블로그	전문적인 블로그	사용자 맞춤 블로그
내용	1일 1포 45일 작성 시 파워블로그 생성 가능	지속적으로 한분야의 글 작성한 블로그' 상위 노출	검색 사용자가 선호하는 고품질의 글' 상위 노출
문제점	블로그 공장에서 대략생산된 파워블로그로 인해 광고글로 블로그탭 도배	C랭크 블로그의 독주 새 블로거 진입불가	

위의 표와 같이 검색 로직은 검색 사용자들의 활동을 바탕으로 끊임없이 변화하고 발전하면서 검색 노출의 결과를 변형시켜 왔습니다. 검색 로직은 검색 결과를 조작하는 등 악용될 소지가 있어 외부로 공개되지 않고, 사용자들의 활동에 맞추어 매일 업데이트 되고 있습니다. 그로 인해 검색 로직을 정확하게 판단하기란 어렵고 노출 결과는 항상 고정적이지 않습니다. 네이버 검색 블로그에서 로직에 대해 제공하는 기획 단계의 설명 그리고 사용자들의 실제 경험에 의존하여 검색 로직을 파악하는 방법이 우선됩니다.

Blogger's Tip

현재는 C-Rank와 D.I.A 로직이 상호 보완하며 작동하고 있습니다.

#2 더 쉬운 설명

1. C랭크(C-Rank) 로직

C랭크 로직은 블로그 자체의 신뢰도를 통해 점수를 측정합니다. 특정 분야의 글이 상위노출이 잘 되는 현상으로 C랭크 로직이 적용되었음을 간접적으로 확인할 수 있습니다. C랭크 블로그를 달성하기 위해서는 블로그, 카테고리, 글 주제를 통일한 글을 6개월 이상 꾸준히 발행하는 것이 필요하다고 알려져 있습니다. 실제 예시를 통해 보여드리겠습니다.

필자의 블로그는 블로그, 카테고리, 글 주제를 '국내여행'으로 통일하여 설정하여 주로 포스팅을 발행합니다. 블로그 분석 사이트인 블로그 차트(blogchart.co.kr)에서도 여행 숙박 분야가 대표 주제로서 최적화되어있는 결과를 확인해 볼 수 있습니다.

▲ 상위 노출된 다수의 포스팅들

이외에도 여행, 숙박 분야의 포스팅으로 상위에 노출되어 있는 포스팅이 다수입니다. 주로 국내여행글을 발행할 경우 C랭크 점수가 높게 부여되어 상위 노출이 잘 되는 경향이 있습니다. 또 하나의 예시를 통해 설명 드리겠습니다.

포스팅 제목: 강남역 레지던스, 서초**에서 즐긴 호캉스**

▲ '강남역 호캉스'와 '강남역 레지던스'의 검색 화면

#강남역 호캉스 키워드(여행) 1위 노출
#강남역 레지던스 키워드(비즈니스·경제) 23위 노출

여행 키워드인 '강남역 호캉스'로는 최상위 노출이 된 반면, '강남역 레지던스' 키워드로는 하단에 노출이 되었습니다. 상위에 노출이 되지 않은 강남역 레지던스의 검색 화면에는 주로 부동산 블로그의 글이 상위에 랭크되어 있었습니다. 여행 블로그에서는 상대적으로 부동산 키워드의 글을 상위에 노출시키기 어렵다는 것을 알 수 있었습니다.

2. 다이아(D.I.A) 로직

다이아 로직은 문서의 정보성 정도를 통해 주로 점수를 측정합니다. 정보를 가득 담아 정성스럽게 적은 글이 상위노출 된 현상으로 간접적으로 확인해 볼 수 있습니다. 연관검색어, 다른 블로그의 글, 컨텐츠의 퀄리티 등을 고려하여 사용자가 원할 만 한 정보들을 담아 상세하게 포스팅하면 다이아 로직 점수를 높게 부여받을 수 있습니다. 필자의 블로그를 통한 예시를 보여드리겠습니다.

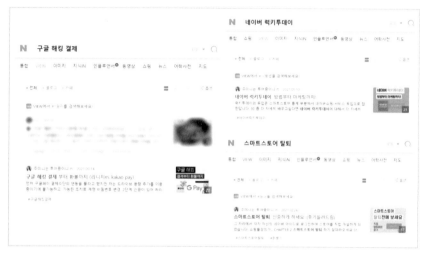

▲ 다이아 로직으로 이룬 상위 노출

#구글해킹결제 #네이버 럭키투데이 #스마트스토어 탈퇴 등의 블로그 주제와 다른 키워드로 오랜 기간 상위 노출

현재 설정되어 있는 블로그의 주제는 국내여행이지만, 이와 관련이 없는 주제의 포스팅임에도 위의 키워드들로 검색 시 오랜 기간 상위 노출이 되어있습니다. 눈에 띄는 썸네일로 인한 높은 클릭률, 상세한 정보로 인한 읽는 시간 증가, 꾸준히 달리는 댓글 등의 요소가 영향을 준 것으로 분석해 볼 수 있습니다.

다이아 로직은 새로 진입한 블로거들도 상위 노출에 도전할 수 있는 기회를 주는 마법 같은 검색 로직입니다. 그러나 다이아 로직에 충실하게 포스팅을 했더라도 상위 노출을 달성하기 어려울 수 있습니다.

- 같은 키워드에서 파워 블로그들과의 경쟁
- 블로그의 최적화 정도보다 높은 조회수의 키워드를 사용

파워 블로그라고 부를 수 있는 인플루언서나 C랭크 블로그들 또한 내가 사용한 키워드로 다이아 로직을 이용하여 상세하게 포스팅한 경우 나의 포스팅은 경쟁에서 순위가 밀려날 수 있습니다. 또한 블로그의 최적화 정도에 맞지 않게 높은 조회수의 키워드를 사용한 경우에도 다이아 로직이 반영되지 않을 수 있습니다.

신생 블로그는 상대적으로 경쟁도가 낮고, 이미 올라온 글들의 퀄리티가 높지 않은 키워드를 사용하는 것이 좋습니다.

#3 다이아로직과 관련된 새로운 로직

1. 스니펫로직

스니펫 로직은 ① '사용자들의 검색어'에 매칭된 본문 내의 키워드 부분을 추출해서 자동 노출 되는 경우와, ② '블로거가 설정한 키워드'와 매칭된 본문 내의 부분을 노출되는 경우가 있습니다.

▲ 스니펫 로직이 적용된 네이버 검색 화면

①에 적용되기 위해서는 본문 내에 인용구를 사용하여 검색어를 적어줍니다. ②에 적용되기 위해서는 제목에 해당 키워드가 사용되어야 하며, 검색 반영이 되는 전제하에 나타납니다.

▲ 구글의 스니펫 로직 검색 화면

구글링을 통해 스니펫 로직이 이미 익숙하신 분들도 있을 것 같습니다. 각 포털의 검색 로직은 트렌드를 따라 비슷해지는 경향을 보이고 있습니다.

2. 에어서치&스마트블록

에어서치는 네이버의 새로운 통합검색 브랜드입니다. 조회수가 높은 대형 키워드로 검색 시 플레이스, 쇼핑, 테마, 인기 주제, 인플루언서 컨텐츠, 카페글, 파워링크 등 다양한 검색 결과를 한 페이지 내에 제공해줍니다. 그 중 인기 주제들은 '인기 주제 둘러보기' 탭에서 스마트블록이라는 새로운 로직을 통해 큐레이션되어 나타납니다. 연관 키워드들을 보기 좋게 이미지화하여 페이지 내에 구현한 것이라고 볼 수 있습니다.

에어서치와 스마트블록은 한 번의 검색만으로 한 페이지에서 다양한 정보를 습득할 수 있고, 상위 노출된 글이나 광고글의 독주를 막아 여러 가지 정보를 비교해볼 수 있다는 장점이 있습니다.

반면 단점으로는 한 페이지가 길다 보니 스크롤 압박으로 인해 정보의 위치를 찾기 힘들고 정보의 양이 많아 선택을 하는 것에 어려움이 따를 수 있습니다. 또한 예측할 수 없는 로직 변화로 인해 기존 파워블로거들의 의욕을 상실시킨 점도 있습니다.

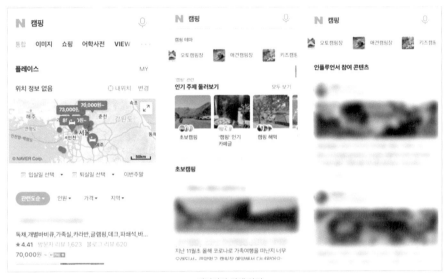

▲ 에어서치 검색 화면

에어서치와 스마트블록은 겉보기에는 완전히 새로운 개념으로 보입니다. 하지만 이 역시 다이아 로직과 비슷하게 해당 키워드와 관련하여 사람들이 많이 검색하는 연관 검색어를 기준으로 페이지를 구성하고 있습니다. 이처럼 현재의 검색 로직에 의하면 검색 사용자가 선호하는 내용을 담아 한 분야의 주제를 계속하여 쓴 블로그의 글이 상위에 노출되기 쉽다고 볼 수 있습니다.

그러나 모든 검색 로직들은 계속적으로 변화하고 발전하고 있습니다. 새롭게 등장한 로직이라도 금방 사라질 수 있고, 오래 전에 만들어진 로직이 오랜 시간 점유하게 될 수도 있습니다. 블로거 뿐만 아니라 네이버 포털과 관련된 종사자들은 자주 검색해보면서 변화의 추이를 민감하게 살펴보고 적절하게 대응해야 합니다.

#4 좋은 문서를 판단하는 중요 조건

앞서 네이버에서 현재 적용되고 있는 대표 검색 로직에 대해 설명하였습니다. 현
로직의 핵심은 검색 사용자가 실제 선호하는 문서를 '좋은 문서'로 판단하여 노출
의 순위를 결정한다는 것입니다. 그렇다면 검색 사용자의 선호 정도는 어떻게 측
정할 수 있을까요?

검색 사용자의 선호 정도 측정 지표 : 방문자의 체류시간

▲ 평균 사용 시간

방문자의 체류시간은 네이버 블로그에서 '평균 사용 시간'이라는 용어로 표시되
고 있으며, '블로그 관리-내 블로그 통계-방문 분석- 평균 사용 시간'에서 확인이

가능합니다. 네이버 블로그에서는 평균 사용 시간을 '선택한 기간 동안 사용자들이 내 블로그를 사용한 평균 시간'이라고 설명하고 있습니다.

C-RANK – 블로그 체류시간 / D.I.A – 페이지별 체류시간

방문자의 체류시간이 블로그에 유의미한 영향을 준다는 사실은 잘 알려져 있습니다. 그런데 네이버에서 공개하는 체류시간은 '방문자가 블로그를 방문한 총 시간'을 나타내며 '각 페이지의 체류시간'을 나타내지는 않습니다. 블로그 자체에 점수를 주는 C랭크 로직에서는 전체 체류시간이 유의미하지만, 문서마다 점수를 주는 다이아 로직에서는 각 페이지의 체류시간이 유의미합니다.

▲ 네이버 애널리틱스 페이지분석

그러나 네이버에서는 블로그의 페이지별 체류시간을 공개하고 있지 않습니다. 네이버 애널리틱스에서 스마트스토어나 기타 홈페이지의 페이지별 체류시간을 공개하는 것과는 대조됩니다. 그런데 네이버 애널리틱스에서 페이지별로 카운트하는 기능이 있는 것으로 보아 블로그도 페이지별로 체류시간이 카운트될 수 있음을 유추해 볼 수 있습니다. 그렇기 때문에 각 글의 체류시간 또한 블로그의 전체 체류시간을 통해 대략적으로 계산해보는 것이 최선의 방법입니다.

블로그 글쓰기의 큰 목표 3가지

1) 상위 노출되기
2) 클릭 유도하기
3) 체류시간 늘이기

방문자의 체류시간이 블로그글에 유의미하다는 사실을 알았지만 방문자의 체류가 일어나게 하기 위해서는 방문자가 먼저 블로그에 유입되어야 합니다. 글을 아무도 읽지 않는다면 해당 글의 체류시간은 '0', 조회수도 '0'으로 글의 가치를 인정받을 수 없습니다. 따라서 글을 상위에 노출시키고, 조회를 유도하여, 체류시간을 늘리는 것이 블로그 글쓰기에서 지향해야 할 목표입니다.

PART 05 포스팅 전 준비사항
블로그에도 준비물이 필요하다

#1 포스팅이 노출되지 않는 다양한 예 점검

포스팅이 노출되지 않는 상황은 '포스팅이 누락되었다'라고 표현할 수 있습니다. 이러한 포스팅 누락을 발생시키는 대표적인 원인으로는 **1. 키워드 문제, 2. 원고의 문제, 3. 블로그 자체의 문제**로 크게 3가지로 나누어볼 수 있습니다.

1) 담고 싶은 키워드 / 상업성 키워드로 가득한 제목

- [종로핫플] 분위기 좋은 카페 ○○에서 브런치&커피 데이트하기좋은곳 추천
- 홍대맛집/연남동카페/라떼맛있는곳/카페 ○○○/인생샷가능

키워드가 남용이 되거나, 상업성 키워드를 대량으로 사용하면 포스팅이 검색 결과에서 누락될 소지가 있습니다. 키워드에 대한 인식은 있지만 최적화에 대해 공부하지 않은 예로 최적화 공부를 통해 포스팅 실력을 발전시킬 수 있습니다.

2) 내 블로그 파워와 맞지 않는 키워드 사용

처음 시작한 블로거가 홍대 맛집 키워드를 제목에 넣어 포스팅

내 블로그의 현재 크기보다 큰 조회수의 키워드를 사용하는 경우 목표한 키워드로 노출시키기 어렵습니다. 특히 시작한 지 얼마 안 된 블로그는 낮은 단계의 키워드부터 사용하여 차근차근 성장해 나가는 것이 중요합니다.

3) 스크롤 압박의 사진과 글들만 늘어놓은 글

- 10.1~10.7 제주여행 기록
- 이번 주 먹방 일지

대표적인 '나만 보고 싶은 글'입니다. 기록하는 습관은 개인적으로는 좋습니다. 그러나 이렇게 쓰인 글은 남에게 보여주기 위한 글은 아니며 오히려 방문자들이 블로그에 머무는 시간을 줄어들게 할 수 있습니다. 키워드나 정보가 포함되어 있지 않거나, 다른 사람이 읽지 않는 글은 노출 점수를 부여받기 어렵습니다.

4) 원고의 문제

원고란 제목, 본문, 사진, 영상 등을 포함한 포스팅의 모든 요소를 말합니다. 제목에 들어간 키워드를 본문에 적절하게 사용하지 않거나, 글자 수나 사진 수가 부족한 경우 글의 정확도를 낮추어 원하는 키워드로 노출이 어려울 수 있습니다. 잘못 사용하는 경우 포스팅 누락을 유발할 수도 있습니다.

5) 어뷰징 블로그

포스팅마다 반복된 링크나 사진, 키워드를 사용하게 되면 유사문서로 인식됩니다. 이런 글을 자주 발행하는 경우 블로그 자체가 어뷰징 블로그로 판단되고 새로 발행하는 글마다 누락이 일어날 수 있습니다.

기록용이라면 상관이 없지만, 노출에 욕심을 내고 있다면 이렇게 포스팅하지 마세요.

#2 블로거의 마인드셋

1) 글쓰기에 대한 인내심

글 쓰는 데에 시간이 걸릴 수 있음을 사전에 인지하고 있어야 합니다. 검색이 잘 되는 포스팅을 작성하는 데에는 약 30분~2시간 정도의 시간이 소요됩니다.

2) 블로그적 사고 기르기

포스팅하고자 하는 대상을 어떤 상황과도 연관 지어 포스팅할 수 있어야 합니다. 광고대행사나 마케팅 업체가 광고할 내용을 시즌 또는 유행과 자연스럽게 끼워 맞출 때를 떠올려 보면 됩니다. 또한 포스팅 시 부족한 정보는 웹 검색을 통해 충분히 얻을 수 있어야 하고, 얻은 정보는 나의 언어로 가공할 수 있도록 합니다.

3) 범용적인 말 쓰도록 노력하기

글을 쓰다보면 필연적으로 같은 단어를 반복해서 사용하게 됩니다. 종이 문서나 보고서 등에서는 문제가 되지 않지만, 웹에서는 단어의 반복 즉, 키워드의 반복이 웹 문서의 질을 결정합니다. 글 내에 키워드가 난무하는 경우 품질이 낮은 문서로 판단될 수 있습니다. 이를 방지하기 위하여 포스팅을 할 때 키워드로 인식이 되지 않도록 검색이 잘 일어나지 않는 범용적인 단어를 자주 사용할 것을 권장합니다.

4) 내 분야의 전문가가 되기

본인이 담당하는 주제에 대해 전문가라는 자부심을 가지고 글을 써야 합니다. 또한 독자들에게도 글쓴이가 전문가라는 사실을 인식시킬 수 있어야 합니다. 전문가라는 인식은 읽는 사람들로 하여금 신뢰도를 높여줍니다.

5) 인플루언서를 목적으로 글을 써나갈 것

블로그를 최적화시킬 수 있는 가장 강력한 방법은 C랭크 로직으로, C랭크가 지향하는 바와 같이 네이버는 한 분야에서의 포스팅을 전문으로 하는 블로그를 선호합니다. 인플루언서, 네이버 포스트 등이 만들어진 이유와도 연관됩니다.

#3 내 블로그의 키워드 파워 파악하기

우선 내 블로그가 현재 어느 정도 조회수를 가진 키워드로 포스팅이 가능한지, 즉 '키워드 파워'를 파악하는 것이 중요합니다. 현재의 키워드 파워에 의해 포스팅의 키워드 설정이 이루어집니다. 이를 확인하기 위해서는 몇 달 이내에 최소 10개 이상의 포스팅을 작성해보고, 그 중 인기 게시글과 인기 게시글의 키워드를 확인해 볼 수 있습니다. 필자의 블로그를 통한 예시를 들려드리겠습니다.

▲ 조회수 순위

'통계-내 블로그 통계-순위-조회수 순위'를 클릭합니다.

▲ 인기 게시물

조회수 순위는 일간보다는 월간, 혹은 주간으로 조회합니다. 인기 게시물 리스트는 1위부터 100위까지만 확인이 가능합니다. 인기 게시물의 제목을 클릭하여 들어갑니다.

▲ 상세 유입 경로

역시 월간 또는 주간으로 검색하며, 하단의 '상세분석-유입경로-상세유입경로'에서 유입 키워드들을 확인합니다. '네이버 통합검색_모바일', '네이버 뷰검색_모바일' 부분을 확인하는 것이 정확합니다. 블로그로에서는 주로 모바일에서의 유입이 가장 높게 나타납니다. 글이 제대로 노출이 되지 않았을 경우에는 유입 경로가 다음, 구글 등의 외부 경로로 달라질 수 있습니다.

필자의 인기 게시물에서는 '군산 옥돌슈퍼', '군산 선유도 옥돌슈퍼', '옥돌슈퍼' 등이 키워드임을 볼 수 있습니다. 그 중 조회수가 가장 많을 것으로 예상되는 대표 키워드로 '군산 옥돌슈퍼'를 꼽아 보았습니다. 이 외에도 다른 인기게시물 혹은 이전에 상위에 노출되었던 적이 있던 글의 키워드들을 확인해 봅니다.

▲ 키워드 마스터(whereispost.com/keyword) 검색 화면

필자의 블로그로 유입되는 키워드가 '군산 옥돌슈퍼'인 것을 확인하였습니다. 키워드마스터(whereispost.com/keyword)라는 웹사이트를 이용하여 조회수를 검색해보도록 합니다. 조회해보니 조회수 약 6천대의 키워드임을 확인할 수 있습니다.

앞서 보여드린 방법으로 다른 글들의 유입 키워드들을 찾아 키워드마스터에 검색하여 확인해 봅니다. 블로그의 대표 상위 노출글이었던 63빌딩, 카멜리아힐 등의 포스팅을 검색해보니 대략 4만5천~7천 정도의 조회수인 것을 파악할 수 있습니다.

Blogger's Tip

내 블로그의 키워드 파워 점검을 위해 확인해볼 사항

☑ 현재 내 블로그의 인기글

☑ 인기글의 키워드

☑ 각 키워드별 조회수

※ 작성한 포스팅이 없는 경우 조회수 0~100대의 키워드를 사용하는 것이 적절합니다.

#4 포스팅 글감 정하기

블로그를 하지 않는 이유를 '쓸 것이 없어서'라고 표현하는 경우가 있습니다. 여기서 쓸 것이란 바로 글감을 나타냅니다. 블로그의 주제를 선택하게 되면 어떤 분야의 글감을 사용해야 할지는 쉽게 알 수 있습니다. 그러나 포스팅에서 사용할 만한 글감은 구체적으로 어떻게 정해야 할지 어려울 수 있습니다. 그런 분들을 위하여 간단한 가이드라인을 제시합니다.

1) 실제 경험한 것

본인의 실제 경험이나 생각을 적은 글은 다른 글과 겹치지 않고, 풍부한 내용을 자유롭게 담을 수 있습니다. 따라서 유사문서에 걸리지 않고 양질의 문서가 될 가능성이 높아집니다.

▶ 15장 이상 저장되어 있던 이호테우 해변에서의 사진

2) 15장 이상의 사진

15장 이상의 사진을 글에 첨부하게 되면 글의 집중도를 높일 수 있습니다. 이렇게 되면 방문자가 포스팅을 읽는 시간이 늘어나고 체류시간도 늘어나게 됩니다. 블로그에 신경을 쓰기 시작하면 포스팅을 염두에 두고 여러 장의 사진을 촬영해 두었을 가능성이 높습니다. 직접 찍은 사진이 없다면 캡쳐 사진 등을 이용하거나, 글과 관련이 높은 무료 이미지를 사용하도록 합니다.

3) 정보성 포스팅이 가능한 지

포스팅을 통해 방문자들에게 조금이라도 가치 있는 정보를 전달할 수 있어야 합니다. 소재에 부족한 부분이 있다면 글감과 관련된 사이트나 네이버 플레이스, 지식백과 등을 통해 추가적인 정보를 얻을 수 있습니다.

MEMO

PART 06   키워드 잡기
사람들을 끌어 모으는 기술

#1 검색어 확인하기

- **네이버**: www.naver.com
- **키워드마스터**: whereispost.com/keyword

키워드를 설정할 때 사용하는 사이트 한 세트로서 '네이버 검색창'과 '키워드마스터 창'을 동시에 실행합니다.

▲ 네이버 검색창

▲ 키워드 마스터 창

키워드마스터 사이트에는 키워드 검색 기능 외에도 포스팅별 순위를 알려주는 웨어이즈포스팅, 스마트스토어 상품등록에 이용되는 셀러마스터, 현재 네이버에서는 볼 수 없는 실시간 검색어 기능 등이 있습니다.

▲ 검색어 확인

먼저 네이버 검색창에서 내가 선택한 글감을 입력해보고 자동완성으로 아래에 뜨는 단어를 살펴봅니다. 이 단어를 통해 네이버에서는 해당 글감의 검색어가 어떤 식으로 형성되어 있는지 확인할 수 있습니다. 그리고 이 검색어는 곧 키워드와 연관이 됩니다. 이번 PART6에서는 이호테우 해변에서의 경험을 예시로 키워드 설정에 대하여 설명해드리도록 하겠습니다.

검색어=이호테우 해변
키워드=이호테우 해변

#2 메인 키워드 잡기

'메인 키워드'란 포스팅에서 메인으로 사용할 키워드를 말합니다. 메인 키워드로 검색했을 시 포스팅이 상위에 노출이 될 수 있도록 키워드를 설정해야 합니다. 그러기 위해서는 키워드마스터 등의 사이트를 이용하여 전략적이고 체계적으로 메인 키워드를 잡는 것이 중요합니다. 특히 키워드마스터의 총조회수, 문서수, 비율의 수치를 비교해가는 작업이 필요합니다.

총조회수	문서수	비율

'총조회수'는 검색한 날의 전 일까지 최근 한 달간 키워드가 검색된 횟수를 말합니다. PC와 모바일에서 조회수의 합산을 나타내고, 각각의 수치를 확인할 수도 있습니다. 조회수가 높을수록 사람들이 많이 찾는 키워드이며 수치는 매일 달라집니다. '비율'은 검색량에 대비하여 컨텐츠가 얼마나 분포되어 있는지, 즉 키워드의 경쟁 강도를 뜻합니다. 비율의 숫자가 클수록 경쟁 강도가 높고, 작을수록 경쟁 강도는 낮으며 키워드로 사용하기 좋아집니다. '문서수'는 해당 키워드로 발행된 컨텐츠의 수를 뜻합니다. 수가 적을수록 경쟁정도가 낮아지고 키워드로 사용하기에 좋아집니다.

메인 키워드와는 별도로 '대표 키워드'라는 개념이 있습니다. 해당 글감을 대표하는 검색 키워드를 말합니다. 예를 들면 이호테우 해변이라는 글감의 대표 키워드는 '이호테우 해변'이 됩니다. 이 대표 키워드를 활용하여 메인 키워드를 설정해 볼 수 있습니다. 메인 키워드를 선택하기 위한 체계적인 조건을 제시합니다.

메인 키워드의 조건

☑ **총조회수**: 내 블로그 키워드 파워와 비슷한지 확인
☑ **비율**: 1이하인 경우 가장 추천, 그 외 최대 10미만 정도까지, 낮을수록 좋음
☑ **문서수**: 5,000 이하 권장, 적을수록 좋음

1) 대표 키워드 = 내 블로그 키워드 파워

키워드	총조회수	문서수	비율	블로그순위 ▼
이호테우해변	34,530	74,509	2.158	N N N N N N N N N N

먼저 키워드마스터에 대표 키워드를 검색해 봅니다. 메인 키워드의 조건과 총 조회수, 비율, 문서수를 비교하여 고려해 본 후 적합할 경우 그대로 사용합니다.

2) 대표 키워드 〉 내 블로그 키워드 파워

키워드	총조회수	문서수	비율	블로그순위 ▼
제주 이호테우해변	4,380	63,458	14.488	N N N N N N N N N N

대표 키워드의 조회수가 내 블로그와 맞지 않게 높은 경우 가장 먼저 취할 수 있는 방법으로 대표 키워드에 지역 · 타겟 등을 조합하여 파워를 낮출 수 있습니다. 예를 들면 '이호테우 해변'에 '제주'라는 지역을 추가로 조합하여 '제주 이호테우 해변'이라는 키워드를 만들 수 있습니다.

3) 관련 키워드에서 선별

▲ 키워드마스터의 관련 키워드

대표 키워드를 검색해보면 관련 키워드가 나타납니다. 여기서 키워드를 선별하는 방법도 있습니다. 내 글감과 관련 있는 키워드를 클릭하여 조회수, 문서수, 비율 등을 비교해 봅니다. 비교 시에는 비율이 낮은 키워드(최대 10이하)를 가장 우선으로 하여 조회수가 내 블로그와 맞는지, 문서수는 적은지를 차순으로 생각하여 선택합니다.

Blogger's Tip

키워드 선택 시 주의사항

1) 비율이 낮더라도 사용하지 않는 경우
내 포스팅과 관련도가 없는 키워드는 사용하지 않습니다. 관련도가 낮을 경우 상위에 노출될 확률이 낮아지고, 노출되었더라도 금방 하락할 가능성 높습니다. 또한 검색 결과 인플루언서의 글이 대부분인 키워드는 경쟁도에서 후순위로 밀려날 수 있어 사용하지 않는 것이 좋습니다.

2) 비율이 높지만 사용해도 좋은 경우
검색 결과의 다른 상위노출 글들을 확인해보고 게시일자가 두 달 이상 전이거나, 인플루언서의 포스팅이 없다면 사용해도 좋습니다.

3) 번화한 지역의 맛집·카페 키워드는 지양
주로 광고글이 점유하고 있어 키워드 내의 경쟁이 치열하고, 특수한 검색 로직이나 트래픽을 사용하지 않는 경우 상위에 노출될 확률이 낮습니다.

4) 키워드 마스터와 다른 연관 키워드를 찾고 싶을 때

▲ 블랙키위(blackkiwi.net) 사이트 검색 화면

키워드 마스터 사이트 외에도 다양한 종류의 키워드 분석 사이트가 존재하고 있습니다. 그 중에서도 많이 이용되는 블랙키위 사이트(blackkiwi.net)를 통해 연관 키워드 결과를 얻을 수 있습니다.

연관 키워드 - 20개					
키워드	월간 검색량 (PC)	월간 검색량 (Mobile)	월간 검색량 (전체) ▼	블로그 총 발행량	철자 유사도
제주도	98,000	355,000	453,000	8,000,000	
오토캠핑장	21,200	135,800	157,000	345,000	
상략 쌀비치리조트	10,300	134,000	144,300	20,800	
제주도 호텔	31,600	111,100	142,700	56,600	
이호테우해변 맛집	450	6,100	6,550	24,600	
제주 이호테우해변	680	3,200	3,880	62,800	
제주 이호테우해변 맛집	150	2,680	2,830	72,000	
이호테우 해변 카페	160	2,260	2,420	27,700	
이호테우 서핑	180	1,500	1,680	5,490	
이호테우 해변 포차	210	1,420	1,630	950	
제주 이호테우해변 카페	60	830	890	73,600	

▲ 블랙키위 연관 키워드

블랙키위에서도 동일하게 이호테우 해변을 검색해보았습니다. 동일한 키워드를 검색했지만 키워드마스터와 비슷하면서 조금 다른 결과가 도출되었습니다. 이 중 '이호테우 서핑'이라는 새로운 키워드를 발견하게 되었고, 비율을 확인해 보기 위해 키워드마스터에 검색해 보았습니다.

키워드	총조회수	문서수	비율	블로그순위 ▼
이호테우 서핑	1,660	5,494	3.310	N N N N N N N N N N

비율, 조회수, 다른 글들의 게시일자 등이 필자의 블로그 파워에 적절함을 확인할
수 있었습니다.

5) 그 외의 키워드를 찾고 싶을 때

사람들이 궁금해 할 것 같은 것을 검색해봅니다. 예를 들면 이호테우라는 이름이
다른 바다들에 비해 특이하다 생각하여 그 뜻이 궁금하였습니다. 네이버 검색창
에 '이호테우 뜻'이라고 검색을 해보았습니다.

▲ 이호테우 뜻 검색어

그 결과 '이호테우 뜻'이라는 검색어가 이미 생성되어 있었습니다. 필자와 같은
궁금증을 가진 사람들이 있었고 검색 수요가 있음을 파악하였습니다.

키워드	총조회수	문서수	비율	블로그순위 ▼
이호테우 뜻	630	3,252	5.162	N N N N N N N N N N

키워드마스터에 검색해 본 결과 조회수, 비율, 문서수, 다른 글들의 게시일자가
사용하기 적당함을 확인해 볼 수 있습니다.

6) 블로그 키워드 파워별 키워드 선택 예제

키워드	총조회수	문서수	비율
이호테우 뜻	760	3,282	4.318
이호테우 서핑	1,490	5,582	3.746
이호테우 해변 숙소	1,060	22,741	21.454
이호테우 해변 서핑	450	4,801	10.669
이호테우 해변 포차	1,790	952	0.532
제주 이호테우해변	4,380	63,458	14.488
이호테우해변	34,530	74,509	2.158

▲ 대표 키워드 이호테우 해변과 관련 키워드

키워드 마스터에서의 키워드 조회 결과를 비교해가며 메인 키워드를 선택해 나가야 합니다. 참고하기 쉽도록 블로그의 키워드 파워 별로 어떤 키워드를 메인으로 사용하는 것이 좋을지 제시해 드립니다.

- **2만대 이상**: 이호테우 해변
- **3천~1만대**: 제주 이호테우 해변
- **2천이하**: 이호테우 서핑
- **1천 이하**: 이호테우 뜻
  → 필자는 메인키워드로 '이호테우 해변'을 선택하였습니다.

#3 서브 키워드 선택하기

서브 키워드는 메인 키워드보다 파워가 낮은 키워드로 1~2개 정도로 선택할 것을 추천 드립니다. 예를 들면 메인 키워드로 이호테우 해변을 설정한 경우, 서브 키워드로는 '제주 이호테우 해변', '이호테우 서핑' 등을 설정할 수 있습니다. 메인 키워드의 경쟁도가 높아 노출이 되지 않았을 경우 서브 키워드로는 노출이 되는 효과를 얻을 수 있습니다.

또한 메인 키워드로 상위에 노출되었다가 하락하더라도 서브 키워드에서의 상위 노출은 그대로 유지될 수 있습니다. 서브 키워드에서의 상위 노출은 상대적으로 경쟁률이 적어 상위에 고정될 수 있는 기간이 메인 키워드보다 긴 편입니다. 따라서 서브 키워드는 메인 키워드를 받쳐주며 포스팅이 1페이지에서 완전히 누락되는 것을 방지해 줍니다.

관련키워드 📑

이호테우해변 맛집   이호테우해변 카페   제주 이호테우해변   이호테우 해변 포차   이호테우 해변 숙소
제주 이호테우해변 맛집   이호테우 해변 서핑   제주 이호테우해변 카페   제주 이호테우해변 서핑
이호테우 해변   이호테우 해변 카페   이호테우 해변 주차장   이호테우 해변 포장마차
이호테우 해변 해물라면   이호테우 해변 횟집   이호테우 해변 펜션   이호테우 해변 일몰
이호테우 해변 야경   이호테우 해변 호텔   이호테우 해변 말등대   이호테우해변 포차   이호테우해변 헌팅
이호테우해변 서핑   이호테우해변 근처 볼거리   이호테우해변 숙소   이호테우해변 포차 코로나

▲ 이호테우 해변의 관련 키워드

서브 키워드는 메인 키워드 혹은 대표 키워드의 관련 키워드에서 선택하는 것이 가장 좋습니다. 관련도를 높여주어 노출에 유의미한 점수를 얻을 수 있습니다.

필자의 키워드 선택

☑ 메인키워드: 이호테우 해변(3만대)
☑ 서브키워드: 제주도 해수욕장 폐장(2천대)
※ 가장 좋은 키워드 선택 : (메인) 이호테우 해변 / (서브) 제주 이호테우 해변, 이호테우 해변 서핑

● 블로거의 꿀팁

'이호테우 해변'과 '이호테우 해수욕장'과 같이 동일어의 경우 또는 검색 시 노출되는 네이버 플레이스가 같은 장소인 경우에는 같은 키워드로 인식됩니다.

▲ 이호테우 해변과 이호테우 해수욕장

이호테우 해변을 검색하더라도 이호테우 해수욕장이 노출되는 것을 볼 수 있습니다. 그러나 여름을 기준으로 이호테우 해변의 조회 수는 2만대, 이호테우 해수욕장의 조회수는 6천대로 이호테우 해변의 조회 수가 훨씬 높습니다. 이런 경우

조회 수가 더 높은 쪽의 키워드가 주로 뷰탭을 장악하게 됩니다.

그러므로 조회 수가 더 높은 이호테우 해변을 메인으로 하여 이호테우 해수욕장까지 두 개의 키워드에 모두 잡힐 수 있게 만드는 것이 좋습니다. 그러기 위해서는 이호테우 해변만 제목에 넣고, 이호테우 해수욕장은 본문 및 태그에만 넣어주는 방식으로 이호테우 해수욕장으로도 포스팅이 검색될 수 있도록 최적화시킬 수 있습니다.

PART 07 요즘의 포스팅 공식과 예시
이 책만의 필살기

#1 요즘의 로직에 최적화된 포스팅 공식

현재의 검색 로직에서는 C랭크와 다이아 로직의 원리를 적절히 섞어 글을 작성하는 것이 중요합니다. 요약하자면 다이아 로직에 맞추어 글을 적되, C랭크의 요소를 첨가한 지속적인 포스팅으로 블로그의 전문성을 높여가야 합니다. 이러한 포스팅 방법에 대해 구체적으로 설명해 드리도록 하겠습니다.

포스팅 전 환경 세팅하기

1. PC로 작업할 것

PC의 경우 포스팅을 작성하면서 색인 기능(Crtl+F)을 이용할 수 있어 키워드가 입력된 횟수를 카운팅하기 편리합니다.

2. 모바일 편집 화면에서 글쓰기

▲ 모바일 편집 화면

오른쪽 하단의 아이콘을 클릭하여 pc화면, 태블릿화면, 모바일화면으로 작업 화면을 설정할 수 있습니다. 모바일에서의 이용률이 가장 높기 때문에 모바일 화면에 최적화시켜 포스팅하도록 합니다.

환경 세팅이 완료되었다면 본격적으로 포스팅을 시작할 단계입니다. 아래와 같이 포스팅 과정을 세부적인 단계로 나누어 보았습니다. 포스팅 시에 순서대로 체크해가며 실행해나가면 좋으며, 순서는 변경할 수 있습니다.

포스팅 세부 순서
1. 경험이나 생각을 글감으로 사용하기
2. 블로그 최적화 정도에 맞는 키워드 찾기   1) 상위노출
3. 글 세부 설정하기
4. 제목, 썸네일 효과적으로 설정하기   2) 클릭유도
5. 소주제 별로 내용 정리하기
6. 사진, 동영상 등의 컨텐츠 넣기
7. 상세정보 입력하기   3) 체류시간
8. 키워드, 비키워드를 적절하게 섞어 본문 입력하기
9. 인용구, 구분선 등 수식 사용하여

1. 경험이나 생각을 글감으로 사용하기

나의 경험이나 생각은 가장 손쉽게 찾을 수 있는 글의 주제가 됩니다. 스마트폰에 찍어 두었던 사진이나 메모해두었던 생각들은 언제 어디서나 기록하고 꺼내어 보기 쉬우므로 포스팅에서 활용하기에 좋습니다. 또한 인터넷에서 복사해온 글과 달리 유사문서에 걸려 포스팅이 누락될 위험이 적습니다. 기록되어 있던 사진은 다음과 같이 정리해두도록 합니다.

- 15장 이상의 사용할 사진 분류하기
- 움직임을 강조할 영상은 움짤로 만들기
- 20초 이상의 영상 만들기(없다면 사진을 이어 붙여 만들기)
- PC로 파일 옮기기

30. 이호테우해변

2. 블로그 최적화 정도에 맞는 키워드 찾기

(책 5~6장을 함께 참고하여 주시기 바랍니다.)

1) 블로그의 키워드 파워 확인하기

▲ 인기 게시물의 키워드 확인

나의 블로그가 현재 어느 정도 조회수의 키워드로 포스팅이 가능한지 키워드 파워를 파악해야 합니다. 현재 키워드 파워에 의해 포스팅의 키워드 설정이 이루어질 수 있습니다. 잭 5장의 '내 블로그의 키워드 파워 파악하기'를 참고하여 더욱 자세하게 확인할 수 있습니다. 개설 후 활동을 하지 않았거나 새로 만들어진 블로그의 키워드 파워는 조회수 0~100 정도로 간주합니다.

2) 검색어 확인하기

▲ 네이버 검색창

검색창에 내가 선택한 글감의 이름을 적어보고, 아래에 자동완성을 뜨는 것을 통해 검색어가 어떤 식으로 형성되어 있는지 확인합니다. 자세한 사항은 책 6장의 '검색어 확인하기'를 참고합니다.

3) 메인 키워드 잡기

▲ 키워드마스터 검색창

위에서 확인한 검색어를 먼저 키워드마스터에 검색해 보면서 글감의 대표 키워드를 찾습니다. 처음 검색한 키워드가 대표 키워드일 확률이 높습니다. 대표 키워드란 다른 키워드들을 포괄하는 상위 키워드이며 조회수가 가장 높습니다. 대표 키위드를 메인 키워드로 사용이 가능한지 먼저 비교해 본 후 차이가 나는 경우에는 세부 키워드나 연관 키워드 등을 발굴해가며 키워드 파워를 낮추는 작업을 합니다.

총조회수	문서수	비율

메인 키워드의 조건

- **총 조회수**: 내 블로그 키워드 파워와 비슷한지 확인하기
- **비율**: 1이하인 경우 가장 추천, 그 외 0~10 정도인 경우 사용 권장
- **문서수**: 5천 미만인 경우 권장

대표 키워드의 조회수 = 내 블로그의 키워드 파워

- 대표 키워드를 메인 키워드로 사용

대표 키워드의 조휘수 > 내 블로그 키워드 파워

- 키워드에 지역·타깃 등을 추가하여 조회수 낮추기
- 대표 키워드의 관련 키워드에서 키워드 선별
- 사람들이 궁금해 할 것 같은 내용을 담은 키워드 찾기

4) 서브 키워드 선택

서브 키워드는 메인 키워드보다 조회수가 낮은 키워드로 1~2개 정도 선택하기를 추천 드립니다. 서브 키워드를 설정하게 되면 메인 키워드가 경쟁도가 높아 노출이 되지 않았을 때 서브 키워드로는 노출이 되는 효과를 얻을 수 있습니다. 또한 메인 키워드로 상위 노출된 포스팅이 하락하게 되었을 때 서브 키워드에서의 상위 노출은 그대로 유지되며 포스팅이 완전하게 하락되는 것을 방지해 줍니다. 서브 키워드는 메인 키워드를 받쳐주는 역할을 합니다.

3. 글 세부 설정하기

주제 설정

주제를 선택하면 내블로그와 블로그 홈에서 주제별로 글을 볼 수 있습니다.
주제를 선택하지 않아도 '블로그 홈 > 주제별 글보기 > 전체'에서 볼 수 있습니다.

엔터테인먼트·예술   생활·노하우·쇼핑   취미·여가·여행   지식·동향
◯ 문학·책   ◯ 일상·생각   ◯ 게임   ◯ IT·컴퓨터

1) 주제 설정

포스팅의 주제와 키워드의 주제, 글의 주제가 일치할 때 정확도에 점수를 얻습니다. 포스팅을 특정 분야로 분류하기 위한 가장 1차적인 방법은 글의 주제를 설정해 주는 것입니다. 한 분야의 글을 꾸준히 발행할수록 해당 분야의 글이 상위에 노출될 확률 또한 높아집니다. 이는 인플루언서나, C랭크 블로그 등 전문적인 블로그를 만드는 데에도 도움이 됩니다.

태그 편집   #태그 입력 (최대 30개)

2) 태그 편집

앞서 설정했던 키워드들을 태그 편집에 적어줍니다. 키워드와 태그가 일치하게 되면 해당 키워드에 대한 문서의 정확도가 상승하여 노출에 점수를 얻습니다.

4. 제목, 썸네일 효과적으로 설정하기

1) 제목 짓기

제목의 조건
- 30자 이내로 작성
- 키워드 조합 반영하기
- 메인 키워드는 서브 키워드보다 왼쪽에 입력
- 키워드와 비키워드를 적절하게 섞어줄 것
- 제목 뒤 배경사진 넣기

제목은 총 30자 이내로 작성합니다. 네이버 글자수 세기를 통해 글자수를 확인할 수 있습니다. 목표한 키워드들을 제목에 넣습니다. 키워드를 제목에 넣음으로써 키워드와 포스팅의 연관성을 높일 수 있고, 가장 왼쪽에 넣은 키워드일수록 포스팅과의 연관성이 높은 것으로 간주됩니다.

필자가 추천하는 제목 짓기의 예시
(메인 키워드: 이호테우 해변, 서브키워드: 제주도 해수욕장 폐장)

"이호테우 해변, 제주도 해수욕장 폐장 시엔 이렇군요."
"이호테우 해변, 담엔 제주도 해수욕장 폐장 아닐 때 와야겠어요"
"이호테우 해변 왔더니 제주도 해수욕장 폐장 중"
"기대했던 이호테우 해변 그리고 제주도 해수욕장 폐장"

* 비키워드: 검색하지 않는 수식어나 서술어 등의 형태
~시엔, 이렇군요, 아닐, 와야겠어요, 왔더니, 기대했던 등

메인 키워드와 서브 키워드 사이에는 비키워드를 적절하게 섞어주어 조합해 줍니다. 비키워드란 사람들이 검색을 하지 않는 유형의 단어나 형태소 등을 말합니

다. 추가로 한 글자는 키워드로 잡힐 확률이 낮으므로 키워드 설정 시에 주의해야 합니다. 하지만 한 글자 키워드는 다른 방법으로 활용할 수도 있습니다. 예를 들면 '존맛'이라는 단어를 키워드에 걸리지 않도록 넣고 싶다면 '존.맛.' 또는 '존 맛' 등으로 단어를 분절시킬 수 있습니다. 이런 식으로 제목에 검색어가 많이 들어가는 것을 피할 수 있습니다.

2) 썸네일 설정

블로그에서 썸네일은 대표사진으로 불립니다. 썸네일은 포스팅을 대표하는 사진으로, 포스팅의 내용을 응축하여 보여주며 클릭 전에 나타납니다. 따라서 클릭을 유도할 수 있도록 효과적으로 설정하는 것이 좋습니다.

효과적인 썸네일의 조건
- 글의 특징을 잘 표현할 수 있는 사진
- 상위에 노출된 다른 블로그와는 차별화된 사진
- 사람, 대상이 포함되어 있는 사진일수록 클릭률이 높음
- 설명하는 글의 경우 텍스트를 사용

상위 노출이 될 경우를 대비하여 대표 사진, 동영상 대표 이미지, 제목 배경사진을 각각 신경 써서 고려해두면 좋습니다.

상위 노출 시 보이는 화면

▲ 왼쪽부터 대표 사진, 동영상 대표 이미지, 제목 배경 사진

5. 소주제 별로 내용 정리하기

포스팅의 내용은 일 또는 생각이 일어난 순서대로 적는 것이 좋습니다. 그리고 일의 시점이 크게 바뀔 때 마다 끊어주어 2~5개 정도의 소제목을 붙여줍니다. 그리고 각 소주제별로 직접 경험한 것을 바탕으로 하여 더욱 세분화합니다. 이 과정은 글의 내용을 기획하는 단계로 볼 수 있습니다. 이렇게 단 몇 분만 더 투자하여 소제목을 만들고 기획을 함으로써 포스팅의 질을 높이고 글을 더욱 쉽게 쓸 수 있습니다. 가장 대표적으로 할 수 있는 소제목의 설정은 다음과 같습니다.

1. **운영정보**: 위치(장소태그), 주소, 영업시간, 전화번호, 주차 등 입력
2. **외적인 것**: 외관, 전경, 분위기, 인테리어, 메뉴 등 입력
3. **해당 주제의 주 컨텐츠**: 먹은 것, 논 것, 본 것 등 입력

6. 사진, 동영상 등의 컨텐츠 넣기

1) 사진 첨부

▲ 드래그하여 사진 첨부

앞서 나눈 소제목들에 맞추어 사진과 동영상을 알맞게 첨부해줍니다. 상단의 동영상 첨부 버튼을 눌러 불러올 수도 있지만 사진 파일을 편집화면으로 드래그해서 바로 업로드하는 방법이 편리합니다.

1. **운영정보**: 찾아가는 모습, 관련 정보의 캡처 등의 사진
2. **외적인 것**: 가게 외관, 전경, 내부인테리어, 메뉴판 등의 사진
3. **해당 주제의 주 컨텐츠**: 음식, 경험한 것, 본 것 등의 사진

사진은 총 15장 이상을 첨부함으로써 글을 읽는 집중도를 높여 체류시간을 높여줍니다. 체험단 활동 시에도 최소 15장~25장 이상의 사진을 요구하므로 15장 이상의 사진을 첨부하는 습관을 들여놓으면 좋습니다.

정보가 많이 담긴 가독성이 좋은 긴 글은 사진을 첨부하지 않더라도 충분히 상위 노출이 가능합니다. 단, 대표사진(썸네일)은 등록하는 것이 좋습니다.

▲ 글감으로 사진 첨부

촬영한 사진이 없는 경우에는 상단의 글감을 활용하여 사진을 추가할 수 있습니다. 글의 상황과 맞는 키워드를 검색하여 적절한 사진을 찾아 포스팅에 첨부합니다.

2) 동영상 첨부

동영상은 사진 파일처럼 드래그로 바로 첨부하는 것이 불가능하기 때문에 상단의 동영상 버튼을 눌러 업로드해줍니다. 먼저 동영상이 재생되지 않을 때 표시될 대표 이미지를 설정합니다. 그리고 제목, 정보, 태그 편집에는 설정한 키워드를 한 번씩 입력해주어 글의 정확도를 높여줍니다. 동영상의 제목과 정보를 적는 부분은 크게 비중을 두지 않습니다.

▲ iMovie, 키네마스터, VLLO

촬영한 영상이 없는 경우에는 사진을 이어 붙여 영상으로 만들 수 있습니다. 영상 편집 어플을 이용하여 스마트폰으로도 쉽게 영상을 만들 수 있습니다. 사진을 이어 붙인 간단한 영상 뿐 아니라 영상들을 이어 붙여 고퀄리티의 영상을 만들 수도 있습니다. 활용하기 좋은 무료 영상 편집 프로그램을 몇 가지 소개해드립니다.

1. **스마트폰 기본 어플**: 아이폰 iMovie
2. **키네마스터**: 가장 보편적으로 사용되는 영상 편집 어플
3. **VLLO(블로)**: 브이로그 효과

7. 상세정보 입력하기

포스팅에서 소개할 컨텐츠와 관련된 상세정보들을 입력하는 단계입니다. 대표적인 상세정보 입력으로는 지도 첨부가 있습니다.

▲ 장소 첨부

상단의 '장소'를 클릭하여 원하는 위치 정보를 검색, 추가하고 확인버튼을 눌러줍니다. 여러 장소를 추가하여 첨부할 수도 있습니다.

지도 첨부에는 이미지형과 텍스트형 두 가지 형태가 있어 선택이 가능합니다. 지도의 형태는 포스팅에 유의미한 영향을 주지 않으므로 내 포스팅의 스타일에 맞추어 선택합니다.

기타 영업시간, 전화번호, 홈페이지, 주차장 등의 정보는 포털사이트에 검색하여 손쉽게 찾아낼 수 있습니다. 찾은 정보들은 저작권을 해치지 않는 범위 내에서 나의 정보로 가공하여 포스팅에 기재하도록 합니다.

8. 키워드, 비키워드를 적절하게 섞어 본문 입력하기

사진

글

글쓰기 형태는 '사진+글'의 형태로 반복합니다. 사진에 대한 설명을 적는 것은 글자수를 채우는 가장 쉬운 방법이면서 키워드와 본문의 내용을 자연스럽게 일치시켜주는 방법이기도 합니다. 생각을 적은 글의 경우에는 사진 대신 '소제목+글'의 형태의 글쓰기를 반복할 수 있습니다.

키워드는 본문 내에 메인키워드 7회~10회, 서브키워드 3회~5회를 적절하게 넣어주며, 검색기능(Ctrl+F)을 이용하여 키워드가 사용된 개수를 세어가며 작성합니다. 만약 사용된 키워드가 10회 이상 넘어간다면 지시어 등 비키워드의 다른 말로 수정합니다. 키워드 혹은 동일한 단어가 반복적으로 많이 사용되는 경우 노출에 좋지 않은 효과를 줄 수 있습니다.

본문에 사용하기 좋은 비키워드

여기, 이곳, 그곳, ~것, 이 시기, 지금 시기, 이런 때, 이 음식

▲ 네이버 글자 수 세기

글자 수는 1500자~2000자 이상 작성할 것을 권장합니다. 네이버 글자 수 세기를 이용하여 카운트할 수 있습니다. Ctrl + A로 본문을 전체 선택한 후 복사하여 글자 수 세기 입력란에 붙여 넣습니다. 공백을 제외한 글자 수를 확인합니다.

9. 인용구, 구분선 등 수식 사용하여 가독성 높이기

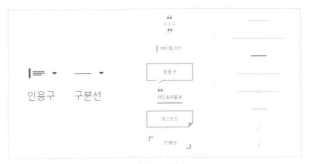

▲ 인용구, 구분선

블로그 내부 기능에는 인용구, 구분선 등의 다양한 수식 도구가 존재합니다. 이를 잘 활용하여 인용구로 본문 내용을 강조해주기도 하고, 구분선을 이용하여 가독성을 높여주기도 합니다. 수식을 사용하는 경우 스니펫 로직 등에 의하여 노출이 잘 되는 효과를 얻을 수도 있습니다.

인용구가 사용되는 경우	어울리는 인용구
제목을 반복해 주는 경우	제목을 반복해주기 좋은 인용구 " " 제목을 반복해주기 좋은 인용구
소제목을 넣는 경우	┃ 소제목을 적기 좋은 인용구
팁이나 핵심 정보를 삽입하는 경우	꿀팁 정보 ┌ ┐ 핵심 정보 └ ┘

인용구, 구분선 등 수식을 활용한 가독성 좋은 본문 구성의 예시를 보여드립니다. 보기 좋게 구분되어 있는 내용을 통해 필요한 정보를 골라 확인할 수 있습니다. 필요한 정보만 확인하고 페이지를 이탈하는 경우를 방지하기 위하여 소주제의 내용은 2개 이상 넣어주는 것이 좋습니다.

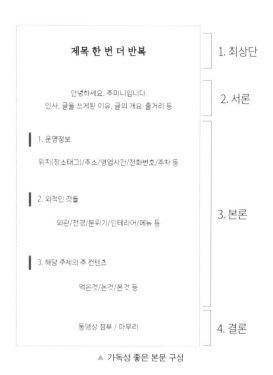

▲ 가독성 좋은 본문 구성

10. 다른 글과 연관시키기

방문자가 블로그에 오랜 시간 동안 머물게 하기 위해서는 하나의 글만 읽고 블로그를 이탈하기 보다는 다른 글까지 읽을 수 있도록 만들어야 합니다. 다른 글을 읽도록 유도하는 방법에는 다음과 같이 몇 가지가 있습니다.

1) 해당 글과 관련도가 높은 다른 글의 링크를 본문에 첨부하기

▲ 왼쪽 이미지형, 오른쪽 텍스트형

링크를 본문에 붙여 넣으면 자동으로 링크박스가 형성되며, 이미지형과 텍스트형의 두 가지 방법으로 첨부할 수 있습니다. 이미지에 커서를 두고 오른쪽 위에 나타나는 ×를 눌러 사진을 제거해주면 텍스트형이 됩니다.

▲ 텍스트에 링크 넣기

텍스트를 드래그하여 링크를 첨부하는 방법도 있습니다. 링크는 글의 첫 부분 또는 마지막 부분에 해당 글과 이어지는 내용으로 자연스럽게 넣어줍니다.

2) 같은 카테고리에 넣기

같은 성격의 포스팅은 같은 카테고리에 넣어 그룹화합니다. 같은 카테고리의 글은 사용자가 필요한 카테고리를 직접 눌러서 확인할 수 있지만, 아래와 같이 포스팅 하단에 '이 블로그의 ○○○ 카테고리 글'이라는 섹션에서 노출이 되기도 합니다. 해당 포스팅과의 관련도가 높다면 방문자는 카테고리 내의 다른 글을 둘러

볼 확률이 높습니다.

▲ 동일 카테고리 글 노출

3) 컨텐츠를 시리즈물로 작성

가능하다면 컨텐츠의 기획 단계부터 시리즈물로 나누어 작성하는 것이 가장 좋습니다. 단, 각 글의 메인 키워드가 겹치지 않도록 주의해야 하며, 모든 글이 개별적인 키워드를 갖도록 해야 합니다. 시리즈물로 작성 후 각 글마다 나머지 글의 링크를 첨부하고, 같은 카테고리 내에 텀 없이 순차적으로 발행을 하게 되면 연관 글을 클릭할 확률이 높아집니다.

스스만들기 ③ 스마트스토어 통신판매업신고 까지 마치면 끝! (9)

스스만들기 ② 통장, 스마트스토어 개설

스스만들기 ① 스마트스토어 준비물~사업자등록 (22)

▲ 3탄으로 작성된 시리즈

#2 글의 완성도를 더 높이는 비법 6가지

1. 폰트

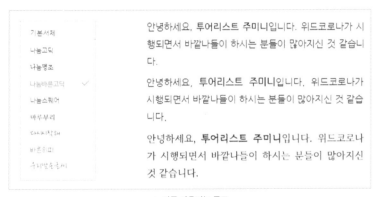

▲ 자주 사용되는 폰트

또렷한 비주얼을 가진 고딕계열의 폰트는 글의 가독성을 높여줍니다. 많이 사용되는 서체로는 나눔고딕, 나눔바른고딕, 나눔스퀘어가 있습니다. 최근에는 마루부리가 즐겨 사용되고 있습니다. 웹에서 사용자가 보기 좋은 사이즈로는 15~16포인트 정도가 적당합니다.

안녕하세요. 트위스트 우마입니다 위트로오나가 시행되
면서 바깥나들이 하시는 분들이 많아지신 것 같습니다.

얼마전 전세계적으로 선풍적 종반을 이끌었던 K-드라마(?)
오징어게임을 모르시는 분이 없을까 싶습니다. 저는 이렇게
오는 단어마다 알게 되자 몰은 것이 대비적에 아직 약하라
고 창조스럽게 느껴지는지 모르겠습니다 K-방역 중. 저보
만 자국로써더 속취된양말 받은 일이 없을지 충쿵해봅니
다 아무튼 최근 출입덕짓전에 오징어게임 영화 도봉이 숙창
없다는 소식을 들어 총 충쿵심이 있지만 취향상 다니를
보았습니다. 드라마감성 아하는 제마 만줄모는제마 사
잔모는 제마 총 여기까지를 느끼고 말던 그날의 이야기 지
급부터 즐겨드리도록 하겠습니다

▲ 필기체 폰트

필기체의 폰트는 강조할 때를 위주로 사용해 주는 것이 좋습니다. 모든 글을 필기
체로 사용할 경우 글의 가독성이 떨어질 수 있으므로 과하게 사용하지 않도록 주
의합니다.

2. 사진 트임

사진은 가장자리까지 채워질 수 있도록 너비를 '트임'으로 설정하는 것이 좋습니
다. 블로그 포스팅은 모바일 화면을 통해 보는 비율이 가장 높습니다. 사진을 최
대한 크게 하여 모바일에서도 많은 부분이 보일 수 있도록 하고 안정적인 느낌이
들도록 합니다.

▲ 위: 문서 너비 설정, 아래: 트임 설정

▲ 트임 정렬하기

또한 모든 사진의 너비를 통일하여 통일감을 주도록 합니다. 너비가 다른 사진들이 반복될 경우 눈에 피로감을 주어 가독성을 낮출 수 있습니다.

3. 줄바꿈

사진 또는 글 사이의 간격을 통일해주면 전체적인 가독성을 높일 수 있습니다. 동일한 줄바꿈으로 글을 쓰는 습관이 생기면 글을 타이핑할 때에도 편리합니다.

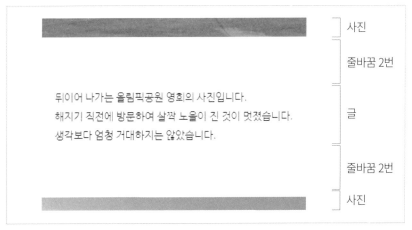

▲ 줄바꿈

사진과 글 사이의 줄바꿈은 엔터를 사용하여 입력할 수 있으며, 2줄 이외에도 1줄 ~ 5줄 등 자유롭게 떼어 쓸 수 있습니다. 단, 모든 문단 사이의 줄바꿈 정도를 동일하게 하는 것이 좋습니다.

4. 템플릿 활용

네이버에서는 포스팅이 매거진형으로 작성될 수 있도록 테마별로 다양한 템플릿을 제공하고 있습니다. 이를 잘 활용하면 가독성을 높이면서도 다른 블로그와는 차별화된 포스팅 스타일을 만들 수 있습니다.

▲ 템플릿

▲ 추천 템플릿, 부분 템플릿

5. 광각 카메라

광각 카메라란 표준의 시야보다 시야를 더 넓혀주는 카메라를 말합니다. 최근에는 스마트폰 카메라에도 광각 렌즈 기능이 추가된 기종이 많아 쉽게 접할 수 있습니다. 스마트폰 광각 기능을 이용하면 일반 사진보다 더 정확하고 많은 정보를 사진에 담을 수 있으며, 영상 촬영 시 손떨림이 어느 정도 보정되는 효과를 볼 수 있습니다. 블로거들에게는 광각렌즈 기능이 있는 카메라를 사용할 것을 권장합니다.

▲ 왼쪽: 일반 카메라, 오른쪽: 광각 카메라

6. 네이버 어플 스마트렌즈

네이버 어플의 검색기능 중에는 스마트렌즈 기능이 있습니다. 사진을 이용하여 유사 이미지를 검색할 수 있는 편리한 기능입니다. 블로거들은 다음과 같이 활용할 수 있습니다.

- 사진은 있으나 대상의 이름이나, 장소명이 기억이 나지 않을 때
- 리뷰할 상품의 키워드가 어떤 식으로 형성되어 있는지 확인할 때
- 유사문서가 있는지 확인할 때

스마트렌즈 외에도 쇼핑렌즈, 문자인식, 와인라벨을 인식하는 기능이 있으므로 일상 생활에서 활용하기에 좋습니다.

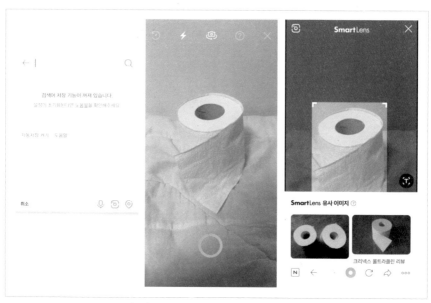

▲ 스마트렌즈로 두루마리를 촬영하여 나타난 유사 이미지 결과

#3 예시1. 일상 포스팅(여행)

일상 포스팅 세부 순서

1. 여행, 사진 정리
2. 키워드 찾기
3. 글 세부 설정
4. 제목, 썸네일 정하기
5. 소주제 정하기
6. 사진, 동영상 등 컨텐츠 넣기
7. 상세 정보 입력하기
8. 본문 작성
9. 수식으로 꾸미기
10. 다른 글과 연관시키기

1. 여행, 사진 정리

▲ 오남저수지 사진 정리

오남저수지를 여행한 경험을 글감으로 이용하였습니다. 실제로 여행하였기 때문에 직접 촬영한 충분한 수의 사진을 사용할 수 있었습니다. PC로 사진 파일을 옮겨, 구분하기 쉽도록 키워드를 제목으로 설정한 폴더를 만들어 사진을 정리합니다.

2. 키워드 찾기

▲ 검색어 확인

네이버창에 글감을 검색하여 어떤 식으로 검색어가 형성되어 있는지 확인합니다. '오남저수지'가 검색어 및 키워드임을 확인하였습니다.

오남호수공원
[개요] 본래 농업용수를 위해 만들어진 **저수지**로 현재는 유원지로 이용되며 자연경관과 산책로를 갖춘 마을 명소 **오남호수공원**은 2008년 **오남저수지**를 새롭게 공원화한 곳이다. **오남호수공원**을 둘러싸고 있는 주변의 경치가 아름답고 조용하여 ...
대한민국 구석구석

▲ 지식백과 검색 결과

'오남저수지'의 검색 결과 지식백과에서 '오남호수공원'이라는 키워드가 도출되는 것을 발견하였고 두 키워드가 유사 키워드로 처리됨을 알 수 있습니다.

키워드	총조회수	문서수	비율
오남호수공원	2,630	2,918	1.110
오남저수지	3,280	7,028	2.143

▲ 조회수 비교

키워드마스터에 '오남저수지'와 '오남호수공원'을 검색해 보았습니다. 문서 수가 적고, 비율이 낮고, 조회수가 블로그의 키워드 파워와 맞으므로 사용하기로 하였습니다. 포스팅 당시 두 키워드의 조회 수는 3천대로 같았지만 문서수가 상대적으로 적은 오남호수공원을 오남저수지보다 메인 키워드로 결정하였습니다.

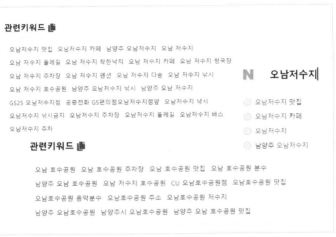

▲ 관련 키워드 확인

키워드마스터와 네이버 검색창을 이용하여 메인 키워드인 오남저수지 및 오남호수공원의 관련 키워드를 확인하였습니다. 이 중 직접 스토리텔링할 수 있는 내용의 조회 수가 있는 키워드를 선별합니다.

키워드	총조회수	문서수	비율
오남저수지 둘레길	40	618	15.450
오남저수지 주차장	110	1,167	10.609
오남저수지 카페	1,020	1,247	1.223

'오남저수지 카페', '오남저수지 주차장', '오남저수지 둘레길' 키워드를 선택하였습니다.

키워드 조합

#오남호수공원 #오남저수지
#오남저수지 카페 #오남저수지 주차장 #오남저수지 둘레길

3. 글 세부 설정

세부 설정을 위하여 글쓰기 화면에서 오른쪽 상단에 있는 초록색 발행 버튼을 누릅니다. 발행 버튼을 누르면 바로 발행이 되는 것이 아니라 설정 창이 나옵니다.

▲ 글의 주제 설정

다양한 주제 중 글의 성격과 맞는 주제를 선택합니다. 여행을 다녀온 컨텐츠이므로 국내여행이라는 선택지를 선택하였습니다. 글의 내용과 주제 설정을 맞추게 되면 문서의 전문성 향상에 도움을 줄 수 있습니다.

태그 편집　　　#오남호수공원　#오남저수지　#오남저수지둘레길
　　　　　　　#오남저수지주차장　#오남저수지카페　#태그 입력 (최대 30개)

▲ 태그 입력

태그 편집 부분에는 앞서 설정하였던 키워드들을 넣어주어 문서의 정확도를 높여줍니다.

4. 제목, 썸네일 정하기

1) 제목부분

제목: 오남호수공원 오남저수지 둘레길 주차장 카페 까지

- **글자수**: 26자 (30자 이하)
- **키워드**: 오남호수공원, 오남저수지, 둘레길, 주차장, 카페
- **비키워드**: 까지
- 메인키워드인 '오남호수공원' 가장 왼쪽에 배치
- 뒤에 배경사진 넣기

제목 영역에 커서를 올리면 오른쪽 위에 그림 아이콘이 활성화됩니다. 이를 클릭하여 제목의 뒷부분에 배경사진을 넣을 수 있습니다.

2) 썸네일

상단 노출 시 표시 화면

좌측부터 대표 사진, 동영상 대표 이미지, 제목 배경사진, 첨부사진 순서대로 배열

대표 사진으로는 메인키워드인 오남호수와 계절감을 잘 보여줄 수 있으면서 자연광으로 인하여 퀄리티가 좋은 사진을 선택하였습니다. 상위 노출된 타 블로그 글에는 없는 단풍이 담긴 사진으로 차별화하였습니다. 라이브러리의 사진을 클릭하면 '대표'라고 적힌 연두색의 네모 모양이 활성화되며 대표 사진으로 설정됩니다. 동영상의 대표 이미지와 제목의 배경사진은 위에서 설정한 대표사진과 겹치지 않으면서 오남호수를 잘 나타내줄 수 있는 사진을 고려하면 좋습니다.

5. 소주제 정하기

전체적인 포스팅은 찾아가기, 둘레길 걷기, 카페투어 순의 큰 주제로 스토리텔링하였습니다. 그리고 큰 주제에 맞추어 하위 주제를 세분화하였습니다.

6. 사진, 동영상 등 컨텐츠 넣기

앞서 나눈 소제목들에 맞추어 사진과 동영상을 각각 알맞게 첨부해줍니다.

1) 오남호수공원 정보: 찾아가는 정보 관련 · 주차장 사진

2) 오남호수공원 둘레길: 저수지 · 둘레길 사진 · 포토존 사진

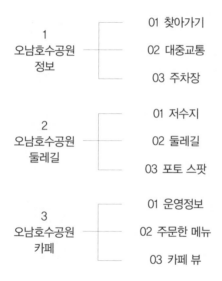

3) 오남저수지 카페: 카페 외관, 음식, 카페 뷰 사진

마무리 영상: 찍어두었던 영상 또는 주요 사진들을 합친 영상

7. 상세정보 입력하기

메인 키워드인 오남호수공원(오남저수지)과 관련된 상세정보들을 입력하는 단계입니다.

장소입력을 위해 상단의 '장소'를 클릭하여 오남저수지를 검색, 추가하고 아래의 확인 버튼을 눌러줍니다.

▲ 지도 첨부 화면

실제 포스팅에서는 네이버에서 리뷰가 더 많은 오남저수지만 첨부하였으나, 여러 개의 장소를 추가하여 첨부할 수도 있습니다. 오른쪽 사진처럼 오남저수지, 오남호수공원의 장소를 모두 첨부하여 깔끔하게 리스트업할 수 있습니다.

기타 운영시간, 전화번호, 홈페이지, 주차장 등의 정보는 포털사이트에 검색하여 손쉽게 찾아낼 수 있습니다. 찾은 정보들은 저작권을 해치지 않는 범위 내에서 나의 정보로 가공하여 포스팅에 기재하도록 합니다. 정보가 없으면 적지 않아도 됩니다.

8. 본문 작성

'사진+글'의 형태로 글쓰기를 반복해가며 자연스럽게 글자 수를 채워주고, 키워드와 본문의 내용을 일치시켜줍니다.

실제 포스팅의 본문 내에 키워드인 오남호수공원 7회, 오남저수지 7회, 둘레길 7회, 주차장 3회, 카페 5회를 적절하게 넣어주었습니다. 검색기능(Ctrl+F)을 이용하여 키워드가 사용된 개수를 세어가며 작성합니다. 주소나 동영상 제목 등에 키워드가 들어간 경우는 카운트에서 제외하였습니다.

소개해드릴 곳은 오남호수공원 이라는 곳으로 남양주 단풍 하면 이제 이곳이 떠오를 것 같은데요. 10월에 다녀온 터라 아직 울긋불긋하지는 않았지만, 조만간 아름다운 경관을 선사해줄 것만 같았습니다. 그럼 지금부터 소개해드리도록 하겠습니다 :)

다리를 건너며 찍은 사진입니다. 이곳의 특징은 부분 부분의 스팟이 모두 다른 분위기를 풍긴다는 것입니다. 사진보다 실제로 보시면 더욱 공감하실 수 있을 것 같아요.

카페의 뷰는 이렇습니다. 사진이 잘 나오긴 했지만 여기 루프탑은 일반 건물 옥상에 파라솔을 친 느낌이었어요.

이곳=오남호수공원, 여기=오남저수지 카페

사용된 키워드가 10회 이상 넘어간다면 이곳, 여기 등의 지시어와 같은 비키워드의 말로 수정합니다. 설정한 키워드가 아니더라도 동일한 단어가 반복적으로 사용된 부분도 비키워드로 수정하여 최대한 줄여줍니다.

안녕하세요, **투어리스트 주미니**입니다. 여러분.. 제가 주말에 우연한 계기로 남양주 단풍 명소를 발견하게 되었답니다. 인근에 거주하시는 분들이나, 트래킹을 좋아하시는 분들만 알고계시는 곳인지, 20대 젊은 관광객들은 전혀 찾아볼 수 없었답니다. 그렇지만 젊은 분들을 포함해서 남녀노소 누구나 아니.. 누구나 까진 아니지만 걷기 좋아하는 건강하신 분이라면 좋아하실 관광지였습니다.

소개해드릴 곳은 오남호수공원 이라는 곳으로 남양주 단

글자수세기

동영상 설명을 입력하세요.

우연히 발견했던 오남저수지에서 오남호수공원을 걸어보았는데요. 평가 되어 있는 것 같습니다. 걸으면서도 계속 어머니께 가장 먼저 ~에 제일 먼저 알리고 있는 사람...

공백포함
4,652 7,743 byte

공백제외
3,327 6,416 byte

▲ 본문 글자 수 세기

작성 완료한 본문은 [Ctrl]+[A]로 전체 선택을 하여 복사한 후 네이버 글자 수 세기를 이용하여 글자 수를 카운트해 보았습니다. 공백 제외 3,327자인 것을 확인할 수 있습니다. 1,500자 이상만 적어도 무난하지만, 해당 키워드로 작성된 다른 블로그 포스팅들의 퀄리티가 높다면 상위 노출을 위해 글자 수를 2,500자 이상으로 채울 것을 권장합니다.

9. 수식으로 꾸미기

▲ (예시입니다. 실제로 입장료 없음.)

10. 다른 글과 연관시키기

카테고리	ㄴ 국내여행	∨

▲ 카테고리 설정

블로그 카테고리 중 글의 성격과 맞는 것을 선택합니다. 포스팅이 국내여행 컨텐츠이기 때문에 필자의 블로그의 카테고리 중 '국내여행'이라는 이름의 카테고리를 선택하였습니다.

▲ 관련글 링크

오남저수지는 남양주에 위치한 곳으로, 이곳을 방문하기 전날 이용하였던 남양주 호텔을 함께 링크를 걸어주면 두 포스팅이 시너지효과를 낼 수 있습니다. (실제 글에서는 사용되지 않은 예시입니다.)

🔵 키워드별 노출 결과 확인하기

#오남호수공원 노출 1위

#오남저수지 노출 1위

#오남저수지주차장 #오남저수지둘레길 #오남저수지카페 노출1위

약 3~4일이 지난 후 뷰탭을 기준으로 목표하였던 모든 키워드에서 최상위 노출을 달성하였습니다. 노출 결과는 달라지므로 주의바랍니다.

#4 예시2. 홍보글(체험단)

대표적인 체험단 사이트중 하나인 REV*를 이용하여 포스팅한 내용입니다. 경기도에 위치한 한 호텔을 체험하였습니다. 각 체험단 플랫폼 별로 형식과 조건 등이 상이하므로 참고하시기 바랍니다. 신청, 당첨, 체험 후 가이드라인에 따라 리뷰를 남기는 기본적인 일련의 틀은 대부분 같습니다.

홍보글(체험단) 포스팅 세부 순서

1. 방문 체험 및 사진 정리	2. 키워드 확인	3. 글 세부 설정
4. 제목, 썸네일 정하기	5. 소주제 정하기	6. 사진, 동영상 등 컨텐츠 넣기
7. 상세정보 입력하기	8. 본문 작성	9. 수식으로 꾸미기
10. 발행 및 콘텐츠 등		

1. 방문 체험 및 사진 정리

1) 방문 체험

● 방문 일자 예약하기

먼저 방문할 날짜를 업체의 담당자와 조율합니다. 공격적으로 홍보하는 대형 업체의 경우에는 평일, 주말, 시간과 상관없이 예약이 가능한 편이고, 소형 업체는 평일 방문을 선호하는 편입니다. 숙박업체의 경우에는 대부분 토요일과 금요일을 제외한 일요일~목요일(금요일) 체크인이 가능합니다.

체험권 사용하기

REV*에서는 체험권 사용하기 버튼을 눌러 예약 가능한 담당자 번호를 확인할 수 있습니다. 타 사이트에서는 체험권 내에 연락처가 없고 대신 온라인 예약이 필요한 경우도 있습니다.

● 방문하여 설명듣기

업체에 방문하여 담당자님께 체험단 방문임을 밝히며 제공받을 서비스에 대한 설명을 듣습니다. 협찬이라고 하여 과한 서비스를 요구하지 않아야 하고 영업 중인 업장에 피해가 가지 않도록 일반 손님들과의 밸런스를 유지합니다.

● 체험하고 촬영하기

일반 포스팅과 같이 찾아가는 법, 운영정보, 공간소개, 서비스 내용 등 방문한 순서대로 사진 또는 메모를 기록합니다. 그리고 업체에서 특히 강조하는 부분이 있다면 다른 사진보다 비중을 두어 찍어둡니다. 과한 사진 촬영은 함께 방문한 상대방에게도, 앞으로 블로그를 지속하는 데에도 도움이 되지 않기 때문에 겪은 순서대로만 차근차근 사진을 찍어둡니다. 주로 15장 이상이 권장된다고 알려져 있지만 최적화 점수를 더 얻기 위해서는 30장 정도의 사진을 촬영하길 권장 드립니다.

● 카메라의 기종

블로그 체험단이 되기 위해서는 카메라를 사야하고, 카메라가 없으면 블로그를 할 수 없다고 판단하는 경우가 많습니다. 이런 분들은 체험단 가입 조건 중 카메라 기종을 입력하는 단계에서 신청을 포기해 버릴 수 있습니다. 이 경우 스마트폰 카메라로도 충분히 체험단 활동이 가능하며 고퀄리티의 사진을 찍을 수 있다고 말씀드리고 싶습니다. 오히려 광고성 느낌을 배제하고 자연스러운 느낌을 줄 수 있어 폰카를 선호하는 업체도 많이 있습니다. 상품 사진을 스마트폰 카메라로 촬영하는 쇼핑몰 업체가 많은 것도 그 이유로 들 수 있습니다. 또한 한 손에 잡히며 쉽게 켜고 끌 수 있는 폰카메라의 휴대성은 큰 장점입니다.

● 체험권 사용하기 매장주 확인

> 체험권 사용(매장주용)

체험을 마친 후 계산을 하는 단계에서 각 사이트의 사용하기 버튼을 눌러주어 체험단 사이트의 프로세스를 완료해 줍니다. 체험단 업체가 체계적인 시스템으로 구축되어 있는 곳의 경우에만 버튼이 있고, 그렇지 않은 경우에는 예약 혹은 방문 시의 확인만으로도 체험자 확인이 완료됩니다.

2) 사진 및 동영상 정리

● 사용할 사진 정하기

체험단 사이트에서는 제공받은 서비스에 대한 사진을 15장 이상, 15초 이상의 동영상을 촬영해 줄 것은 미션으로 요청합니다. 콘텐츠 등록 시 사진의 장수나 동영상 길이에 대한 검수는 비중 있게 이루어지지는 않습니다. 하지만 추후에 서비스를 제공한 업체에서 검수를 하게 되면 내용이 불충분한 경우 수정요청이 이루어질 수 있으므로 최대한 수량을 맞추어 사진을 찍어 두고 포스팅 시에 사용하도록 합니다.

● 움짤 만들기

체험단 또는 광고 포스팅은 비슷한 내용과 키워드를 가진 컨텐츠가 동시에 여러 건 퍼지기 때문에 유사 문서 혹은 광고성 글로 처리되기 쉽습니다. 움짤을 등록하여 다른 글과 차별성을 두고 방문자들이 글을 읽는 시간을 최대한 끌어올리는 것이 중요합니다. 움짤은 '네이버 블로그 앱-글쓰기-사진추가-GIF'에서 쉽게 만들 수 있습니다.

영상 만들기

위에서 움짤을 만드는 이유를 설명드린 것과 같은 맥락입니다. 영상을 만들어 다른 글과의 차별점을 주고 영상을 보면서 글을 오래 읽도록 만듭니다. 광고글임에도 블로그 성장에까지 도움이 될 수 있습니다.

2. 키워드 확인

체험단의 키워드 확인

모든 체험단에서는 사용해야 할 키워드의 리스트를 제시해 줍니다. 선정된 후 글을 쓰는 단계에서 확인하는 경우도 있지만 신청 전에 미리 확인해두는 편이 좋습니다. 키워드에 광고성이 짙어 블로그에 피해가 가는 경우도 있기 때문입니다. 블로거들이 체험단 사이트인 REV*를 많이 사용하는 이유는 누락이 거의 없도록 키워드와 체험자를 선정함에 있습니다. 사이트에서 키워드를 잘못 선정하거나, 원고 작성에 신뢰도가 낮은 체험자를 선정할 경우 동시에 올라간 모든 포스팅들이 좋지 않은 영향을 받을 수 있습니다.

키워드 2개 선별하기

제시된 키워드 중 2개를 선택하여 사용합니다. 간혹 업체에서 조회수가 높은 키워드를 원하는 경우 필수 키워드가 1개만 지정될 수도 있습니다. 조회수는 충분히 높으면서 발행된 문서 수가 적고, 내가 스토리텔링할 수 있을 만한 키워드를 선별합니다. 키워드마스터를 이용하면 좋습니다.

3. 글 세부 설정

세부 설정을 위하여 글쓰기 화면에서 오른쪽 상단에 있는 초록색 발행 버튼을 누릅니다.

▲ 카테고리 설정

카테고리는 포스팅의 성격과 맞는 것으로 선택합니다. 숙박과 관련된 글은 블로그 내의 국내여행이라는 카테고리에 발행하고 있습니다. '이 블로그의 국내여행 카테고리 글'이라는 섹션에서 노출이 되며 방문자는 카테고리 내의 다른 국내여행글을 둘러볼 확률이 높습니다.

▲ 글 주제 설정

다양한 주제 중 글과 성격이 맞는 주제를 선택합니다. 역시 국내여행이라는 선택지를 선택하였습니다. 문서의 전문성 점수에 도움이 되는 설정입니다.

▲ 태그 편집

태그 편집 부분에는 앞서 키워드로 설정하였던 단어들을 넣어줍니다. 체험단 미션에는 태그에도 키워드를 넣어 달라는 부분이 있습니다. 필수는 아니었지만 추가로 네이버에 잡혀있는 키워드대로 업체명까지 태그로 넣었습니다.

4. 제목, 썸네일 정하기

1) 제목부분

제목: 남양주 숙박, ○○○ 호텔 에서 친구와!
- **글자수**: 30자 (30자 이하)
- **키워드**: 남양주 호텔, 남양주 숙박, 호텔명
- **비키워드**: 에서 친구와!

메인 키워드인 '남양주 숙박'은 가장 왼쪽에 배치하여 포스팅과의 연관도를 높여주었습니다. 또한 남양주 숙박의 '남양주' 부분과, 호텔이름의 ○○○ '호텔' 부분이 각각 조합되어 '남양주 호텔'이라는 하나의 키워드로 인식될 수 있도록 하였습니다.

2) 썸네일

상단 노출 시 표시 화면

좌측부터 대표 사진, 동영상 대표 이미지, 제목 배경 사진, 첨부사진 순서대로 배열

대표 사진은 호텔의 컨디션을 보여줄 수 있는 사진을 선택하였고, 특히 사람이 출현한 사진을 선택하여 클릭률을 더욱 높였습니다. 동영상 대표 이미지와 제목 배경사진은 대표 사진과 겹치지 않으면서 호텔의 분위기, 이용한 서비스를 잘 나타내는 사진을 선택하였습니다.

5. 소주제 정하기

● 주제별로 템플릿 만들어 놓기

체험단을 신청하다 보면 주로 많이 신청하게 되는 분야가 생깁니다. 그리고 하나의 분야는 대개 비슷한 내용과 과정으로 체험이 이루어집니다. 예를 들어 맛집 분야라면 위치, 메뉴판, 음식, 맛 등의 소주제로 구성될 것입니다. 내 템플릿을 활용하여 소주제들을 미리 만들어두고 포스팅을 할 때마다 불러와서 내용을 채워 넣는다면 글을 쓰는 시간을 줄일 수 있습니다.

1. 남양주 숙박 정보
01 찾아가기 / 02 외관 / 03 주차장 / 04 체크인

2. 남양주 호텔 살펴보기
01 전경 / 02침실 / 03 욕실 / 04 기타 편의 시설

3. 남양주 호텔 레스토랑
01 운영정보 / 02 인테리어 / 03 메뉴, 테이블세팅 / 04 주문한 음식 / 05 식후 티타임까지

6. 사진, 동영상 등 컨텐츠 넣기

앞서 나눈 소제목들에 맞추어 사진 및 동영상을 알맞게 첨부해 줍니다.

1) 남양주 숙박 정보: 외관 · 주차장 · 로비 사진

2) 남양주 호텔 살펴보기: 호텔 내부 전경 · 침실 · 욕실 · 기타 편의시설 사진

3) 남양주 호텔 레스토랑: 인테리어 · 메뉴판 · 테이블 · 음식 · 티타임 사진

마무리 영상: 찍어두었던 영상 또는 주요 사진들을 합친 영상

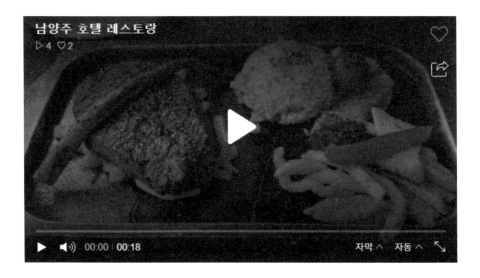

7. 상세정보 입력하기

장소 입력을 위해 상단의 '장소'를 클릭하여 호텔명을 검색, 추가하고 아래의 확인버튼을 눌러줍니다.

> ✓ 주소: 경기도 남양주시 ⬛⬛⬛⬛⬛⬛⬛⬛⬛
> ✓ 번호: 031 - ⬛⬛⬛ ⬛⬛⬛
> ✓ 운영시간: 체크인 오후3시 ~ 체크아웃 오후 12시

운영시간, 전화번호, 홈페이지, 주차장 등의 기타 정보는 포털사이트에 검색하여 손쉽게 찾아낼 수 있습니다. 단, 업체로부터 경제적인 대가를 받고 책임감을 가지고 작성되는 내용인 만큼 정확한 내용만을 취합하여 입력하도록 합니다.

캠페인미션	- 콘텐츠 제목에 매장명을 기재해 주시고, 매장 위치 및 지도, 연락처를 소개해 주세요.

체험단 사이트에서는 상세 정보 중 매장 위치와 지도, 연락처를 필수로 기재할 것을 캠페인 미션으로 지정하고 있습니다.

8. 본문 작성

사진	
글	침대와 벽 사이에 공간이 넉넉할만큼 방 사이즈가 컸답니다. 위 사진은 불을 다 켜지않고 몇개 켜지 않은 상태에서 분위기 있게 연출한 모습이랍니다.

체험단 글 역시 '사진+글'의 형태로 글쓰기를 반복하며 자연스럽게 글자 수를 채워주고, 키워드와 본문의 내용을 일치시켜줍니다.

남양주 호텔| 7/9   <   >   ✕

이번시간에는 근교의 관광지를 찾아다니다가 지난 팔당 투어에 이어 익숙해진 남양주를 한 번 더 찾은 이야기 인데요. 이번에는 일박으로 호텔을 잡아서 친구와 함께 근처에서 즐거운 시간을 보내고 왔답니다. 제가 다녀온 남양주 호텔, 지금부터 소개해드리도록 하겠습니다 :)

CAHPTER 2.
남양주 호텔 살펴보기

본문 내에 남양주 호텔을 7회로 적절하게 넣어주었습니다. 검색 기능(Ctrl + F)을 이용하여 키워드가 사용된 개수를 세어가며 작성하였습니다. 주소나 동영상 제목 등에 키워드가 들어간 경우는 카운트에서 제외하였습니다.

캠페인미션
- 콘텐츠 제목에 매장명을 기재해 주시고, 매장 위치 및 지도, 연락처를 소개해 주세요.
- 매장 인테리어 및 제공받으신 서비스를 15장 이상 , 동영상(15초 이상)을 촬영해주세요.
  (촬영시 타인의 초상권문제가 있을수 있으니 타인의 얼굴이 노출되지 않도록 참고 부탁드립니다.)
- **호텔의 분위기를 상세하게 설명해주세요**
-

체험단의 캠페인 미션에서는 본문에 기재되어야 할 필수 내용의 가이드라인을 정리하여 보여줍니다. 이 또한 맥락에 맞도록 본문 내에 자연스럽게 넣어줍니다.

9. 수식으로 꾸미기

표 기능을 이용하여
제목 한 번 더 강조
객실과 어울리는 색

인용구를 이용하여
소제목 넣기

구분선을 이용하여
문단 구분

소제목 기능을 이용하여
소제목 넣기

인용구를 이용하여
정보 넣기

▲ (예시입니다. 포스팅에는 적지 않음.)

10. 발행 및 콘텐츠 등록

1) 공정위 문구 삽입

체험단 글과 같이 경제적 대가를 제공받은 포스팅은 '첫 부분 혹은 끝부분'에 '경제적인 대가의 지급사실 문구'를 삽입해야 합니다. 이를 공정위(공정거래위원회) 문구라고 부르며 이미지, 텍스트, 스티커를 이용하여 표시할 수 있습니다. 내용은 아래와 같은 형태로 경제적인 이해관계를 잘 나타낼 수 있는 문구를 사용합니다.

본 포스팅은 ○○로부터 ○○○를 제공받아 작성되었습니다.

주요 체험단 사이트에서는 각 사이트에서 제작한 고유 공정위로고를 포스트 하단에 삽입할 것을 요청합니다.

이 글은 ___를 통해 본 업체에서
제품 또는 서비스를 제공받아 작성된 글 입니다.

2) 발행 및 콘텐츠 등록

오른쪽 상단의 초록색 발행 버튼을 눌러 발행을 완료합니다.

콘텐츠 등록하기

발행이 완료되면 체험단 사이트에 콘텐츠를 등록(제출)할 수 있습니다. 사이트가 블로그와 연동되어 있다면 등록 시에 포스팅을 직접 선택할 수 있고 그렇지 않다면 url을 복사하여 제출할 수 있습니다.

키워드별 노출 결과 확인하기

남양주숙박 노출 1위

남양주호텔 노출 1위

남양주 #호텔명 노출 1위

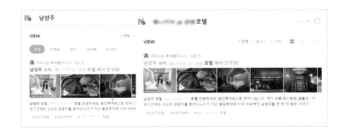

B Blogger's Secret Note ✕

  blog.naver.com

PART 08 요즘의 포스팅 트렌드
상위 노출을 더욱 확실하게

#1 다른 글들과의 관련도 높이기

관련도를 결정짓는 요소들

1) 서브 키워드를 메인 키워드의 연관 키워드로 구성
2) 다른 글들과 유사한 컨텐츠로 내용 구성
3) 다른 글들과 동일한 카테고리 사용

1) 서브키워드를 메인키워드의 연관키워드로 구성

최근 네이버에서 검색 시 상위 노출된 글들의 제목이 비슷한 경향을 볼 수 있습니다. 예를 들면 아래와 같이 '경복궁'이라는 하나의 키워드와 함께 '입장료', '주차장' 등의 여러 가지 관련 정보들을 세부 키워드로 넣어 활용한 제목의 글이 주로 상위 노출되어 있는 편입니다.

▲ 경복궁 키워드 상위 노출 화면

현재 적용되고 있는 검색 로직에서 문서의 정확도는 사용자들의 검색 행동에 따라 나눠지고 있습니다. 사용자의 검색 행동 및 심리변화를 유추해보면 다음과 같습니다. 아래는 예시이며, 이러한 사용자들의 검색 행동 심리 변화를 사용자의 검색 알고리즘이라고 일컬을 수 있습니다.

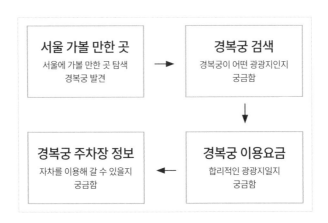

그런데 이 정보들을 하나의 글에 모두 담게 된다면 키워드와 문서와의 관련도는 더욱 올라갈 수 있습니다. 하나의 글에 모든 정보가 있다 보니 필요한 정보만 보

고 페이지를 벗어나는 경우가 줄어들어 체류시간도 늘어납니다. 이러한 검색 행동은 연관 키워드를 통해 유추해 볼 수 있습니다. 따라서 연관 검색어를 세부 키워드로 설정하고, 본문 안에 '글 IN 글' 형식으로 적절하게 넣는다면 문서의 정확도를 크게 올릴 수 있습니다. 이 책에서도 소주제를 넣은 형태의 포스팅을 작성할 것을 강조하고 있습니다.

관련키워드

올림픽공원 핑크뮬리 위치 올림픽공원 핑크뮬리 주차 서울 올림픽공원 핑크뮬리

키워드	총조회수	문서수	비율	블로그순위 ▼
올림픽공원 핑크뮬리	18,480	3,742	0.202	N N N N

저자의 또 다른 실제 예시로 설명 드리겠습니다. '올림픽공원 핑크뮬리' 키워드를 메인 키워드로, 관련 키워드의 '~ 위치'를 서브 키워드로 잡아 사용하였습니다. 관련 키워드를 서브 키워드로 사용할 시에는 관련도가 높아지며 글의 점수가 올라갑니다. 위치 외에 '~ 주차'를 사용해도 좋습니다.

▲ 올림픽공원 핑크뮬리 상위 노출 화면

포스팅 당시 목표하였던 '올림픽공원 핑크뮬리'라는 키워드로 첫날에는 3번째, 그 다음날부터는 최상위 노출에 성공하였습니다. 노출 결과는 여러 가지 요인에 의해 변동되고 항상 고정적이지 않으므로 주의바랍니다.

2) 다른 글들과 유사한 컨텐츠로 내용 구성

> 상위 노출에 실패한 저자의 글이 다른 상위 노출 글들과 달랐던 점 1
> : 같은 브랜드의 카페이지만 지점이 다름

대부분의 키워드로 상위에 노출을 시킬 수 있다는 자신감이 생긴 지 얼마 되지 않아 제가 좋아하던 카페가 새롭게 B지점을 오픈한다는 소식을 듣고 방문하여 포스팅 하였습니다. 카페 이름인 '○○ 커피'라는 키워드는 경쟁도만 보면 조회수 대비 포스팅 수가 적었던 좋은 키워드라고 할 수 있었습니다. 그럼에도 목표했던 '○○ 커피' 키워드로는 상위 노출이 되지 않았습니다.

원인을 찾아 분석해 본 결과 문서 수가 많기도 했지만, 이미 상위에 노출된 글들은 대부분 A지점에 대한 글이었고, 필자가 다녀온 B지점으로 올라온 글은 많지 않았습니다. 키워드 마스터 조회와 인스타그램 해시태그 수로 확인해보니 B지점의 화제성은 상대적으로 낮았습니다.

만약 B지점의 글들이 많이 게재되어 있었다면 '○○ 커피'의 키워드는 B지점 포스팅을 위주로 상위 노출이 되었을 것입니다. 이런 점에서 다른 포스팅들과의 관련도 또한 노출 점수에 영향을 준다는 것을 파악해 볼 수 있습니다. 특히 조회 수가 높은 키워드, 인플루언서들이 많이 사용하는 키워드에서 이러한 현상은 더욱 두드러졌습니다.

▲ 문서 정렬 옵션

'네이버 검색창-뷰탭-옵션-정렬'에서 문서의 정렬 순서가 '관련도순'인 것을 통해서도 노출 순서에 있어 관련도가 유의미함을 알 수 있습니다.

3) 다른 글들과 동일한 글 주제 선택

> 상위노출에 실패한 저자의 글이 다른 상위노출 글들과 달랐던 점 2
> : 카테고리와 글의 주제가 다름

필자의 예를 들어보자면, '○○ 지역 맛집' 키워드를 사용하여 카테고리와 글 주제를 '국내여행'으로 선택한 후 포스팅 하였습니다. 그런데 해당 키워드로 상위에 노출된 다른 글들은 대부분 여행이라기보다는 특정 맛집을 콕 집어 포스팅한 맛집 전문 포스팅이었습니다. 해당 포스팅은 하단 노출에도 실패하였고, 뷰탭에서 블로그 보기로만 조회 시 노출되며 사람들에게 조회되지 못했습니다.

포스팅에서 높은 점수를 얻기 위해서는 주변 글과 카테고리와 글의 주제를 맞추는 것도 도움이 됩니다. 다른 글의 카테고리와 글의 주제가 어떻게 설정되어 있는지는 직접적으로 확인할 수 없습니다. 다만 블로그 메뉴의 이름이나 포스팅의 키워드를 보고 대략적으로 유추해 볼 수 있습니다.

그런데 여행과 맛집의 분류는 그 중간이 조금 애매합니다. A 지역 사람이 B 지역에 가서 밥을 먹으면 여행이 되지만, B 지역의 사람이 B 지역에서 식사를 하면 여행보다는 맛집 주제에 한정되게 느껴집니다. 그리고 타 지역사람이 서울에 와서 밥을 먹으면 여행이지만 서울 사람들로서는 그것이 여행이라고 느껴지지 않습니다. 맛집 투어가 여행이 되고 되지 않고의 분류는 주관적일 수 있습니다.

주제 설정

주제를 선택하면 내블로그와 블로그 홈에서 주제별로 글을 볼 수 있습니다
주제를 선택하지 않아도 '블로그 홈 > 주제별 글보기 > 전체'에서 볼 수 있습니다

엔터테인먼트·예술	생활·노하우·쇼핑	취미·여가·여행	지식·동향
문학·책	일상·생각	게임	IT·컴퓨터
영화	육아·결혼	스포츠	사회·정치
미술·디자인	애완·반려동물	사진	건강·의학
공연·전시	좋은글·이미지	자동차	비즈니스·경제
음악	패션·미용	취미	어학·외국어
드라마	인테리어·DIY	● 국내여행	교육·학문
스타·연예인	요리·레시피	세계여행	
만화·애니	상품리뷰	● 맛집	
방송	원예·재배		

주제 선택 안 함   이 카테고리의 글은 항상 이 주제로 분류

취소   확인

▲ 글 주제 설정

카테고리의 주제를 설정하는 것의 중요성은 네이버 스마트스토어에서 먼저 확인해 볼 수 있습니다. 스마트스토어에서는 키워드를 검색 시 해당 키워드로 등록된 상품들 중 비율이 높은 카테고리를 주로 보여줍니다. 애플 워치를 예로 들어보겠습니다.

▲ 네이버 쇼핑 애플워치 검색

네이버 쇼핑에 '애플워치', '애플워치 스트랩'을 각각 검색해 보았습니다.

▲ 애플워치, 애플워치 스트랩 검색 결과

애플워치를 검색하면 카테고리가 '디지털/가전 〉 휴대폰액세서리 〉 웨어러블 디바이스'로 된 상품들만 상위에 노출되고, 애플워치 스트랩 등은 노출되지 않습니다. 스트랩의 카테고리는 애플워치의 카테고리와 다르게 '디지털/가전 〉 휴대폰액세서리 〉 웨어러블 디바이스 액세서리'로 설정되어 있기 때문입니다. 다른 상품들과의 연관성은 노출이 되는 데에 큰 영향을 미친다는 것을 알 수 있습니다.

만약 이미 상위에 노출되어 있는 상품들과 다른 카테고리를 설정하였다면 내가 등록한 상품은 네이버 쇼핑에 제대로 노출되지 않을 수 있습니다. 스마트스토어의 상품처럼 각 포스팅은 주제 선택을 통해 카테고리 설정을 할 수 있습니다.

#2 체류시간 늘이기

검색엔진 시스템들은 최근 비슷해지는 경향을 자주 보이고 있습니다. 구글에서 이미 이전부터 적용되어 있던 사항으로, 웹문서의 품질을 파악하기 위한 지표로 체류시간을 유의미하게 여기고 있습니다. 구글에서는 신뢰도를 측정하기 위해 스크롤의 속도까지 파악한다고도 합니다. 포스팅이 읽을 만한 문서라면 사용자는 오랫동안 머물며 읽을 것이고, 그렇지 않다면 금방 뒤로가기 버튼을 누를 것입니다. 따라서 체류시간, 즉 게시글 평균 사용시간을 늘리는 것이 중요합니다.

▲ 블로그 평균 데이터의 게시글 평균 사용시간

'관리-내 블로그 통계-블로그 평균 데이터'에서는 전체 블로그의 사용시간(체류시간) 평균과 상위 그룹의 평균 그리고 내 블로그는 어느 정도에 위치하고 있는지 수치적으로 확인할 수 있습니다. 이는 절대적인 것이 아니라 상대적인 수치를 나타냅니다. 네이버 블로그에서 블로그 평균 데이터의 지표를 제공하고 있는 사실을 통해 네이버에서도 블로그 운영에 있어 방문자의 체류시간을 유의미하게 여기고 있다는 사실을 확인할 수 있습니다.

▲ 내 블로그의 평균 사용시간

'관리 – 내 블로그 통계 – 방문 분석-평균 사용시간'에서는 내 블로그 방문자들의 체류시간을 확인해 볼 수 있습니다. 평균 사용시간은 최소 2분 30초가 넘어가도록 블로그를 운영하는 것이 좋습니다.

전체	피이웃	서로이웃	기타
3m 4s	8m 46s	56s	3m 4s
2m 57s	3m 53s	3m 39s	2m 56s
3m 6s	2m 6s	4m 8s	3m 6s
2m 40s	6m 11s	1m 12s	2m 40s
2m 22s	57s	2m 7s	2m 22s

▲ 방문자별 평균 사용시간

방문자 수가 늘어날수록 '전체'와 '기타'의 시간이 비슷해지며 이웃의 체류시간은 유의미함이 줄어들게 됩니다.

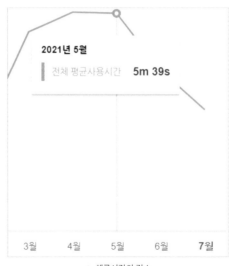

▲ 체류시간의 감소

블로그의 주제 또한 체류시간에 영향을 미칠 수 있습니다. 필자의 블로그를 예시로 들어보면 '경제 · 비즈니스'에서 '여행'으로 블로그의 주제를 변경한 후 체류시간이 절반으로 줄기도 하였습니다. 주제별로 글을 꼼꼼하게 읽어야 하는 경우가 있고, 사진만 훑고 지나가도 되는 경우가 있기 때문입니다. 경제 · 비즈니스의 주제는 전자의 경우에, 여행 주제는 후자에 가깝습니다.

체류시간을 늘리는 요소들

1. 글의 서사성, 정보성, 가독성
2. 글자 수, 사진 수, 동영상
3. 내 블로그의 다른 글과의 연결성

#3 C랭크 최적화 및 인플루언서 설정

전문적인 블로거가 되거나 블로그를 더욱 크게 성장시키고 싶다면 C랭크 최적화 블로그가 되거나 네이버 인플루언서에 선정되는 방법이 있습니다. 이를 위해 가장 쉽게 할 수 있는 설정은 다음과 같이 3가지가 있습니다. 여기서 모든 설정의 주제는 동일한 것으로 통일하여야 합니다.

1. 내 블로그 주제 설정
2. 카테고리 주제 분류 설정
3. 글 주제 설정

예를 들어 여행 분야로의 블로그 최적화 또는 인플루언서 선정을 희망한다면 내 블로그의 주제와, 카테고리의 주제, 글의 주제를 모두 '국내여행' 혹은 '세계여행'으로 일치시킨 포스팅을 주로 발행합니다. IT 전문 블로거가 되고 싶다면 'IT · 컴퓨터', 뷰티 블로거를 지향한다면 '패션 · 미용'의 주제를 선택할 수 있습니다.

1. 내 블로그 주제 설정

▲ 내 블로그 주제 설정

'관리-기본설정-블로그정보-내 블로그 주제'에서 내 블로그 전체의 주제를 선택합니다. 한 가지만 선택이 가능하므로 가장 주력으로 포스팅하는 주제로 신중하게 선택하여야 합니다.

2. 카테고리 주제 분류 설정

▲ 블로그 메뉴 관리

카테고리 전체보기 옆 EDIT 또는 '관리-메뉴 · 글 · 동영상 관리-메뉴 관리-블로그'에서 카테고리의 주제를 선택할 수 있습니다.

	주제분류	주제분류 선택하지 않음

엔터테인먼트·예술
- ○ 문학·책
- ○ 영화
- ○ 미술·디자인
- ○ 공연·전시
- ○ 음악
- ○ 드라마
- ○ 스타·연예인
- ○ 만화·애니
- ○ 방송
- ◉ 주제선택안함

생활·노하우·쇼핑
- ○ 일상·생각
- ○ 육아·결혼
- ○ 애완·반려동물
- ○ 좋은글·이미지
- ○ 패션·미용
- ○ 인테리어·DIY
- ○ 요리·레시피
- ○ 상품리뷰
- ○ 원예·재배

취미·여가·여행
- ○ 게임
- ○ 스포츠
- ○ 사진
- ○ 자동차
- ○ 취미
- ○ 국내여행
- ○ 세계여행
- ○ 맛집

지식·동향
- ○ IT·컴퓨터
- ○ 사회·정치
- ○ 건강·의학
- ○ 비즈니스·경제
- ○ 어학·외국어
- ○ 교육·학문

▲ 카테고리 주제 분류

카테고리마다 각각의 주제를 선택할 수 있으므로 각 카테고리 내에 속한 포스팅들의 주제와 어울리는 주제를 선택합니다. 모든 카테고리의 주제를 통일할 필요는 없지만 블로그의 대표 주제로 설정된 카테고리만큼은 주력하여 포스팅 수를 채워나가도록 합니다.

3. 글 주제 설정

▲ 글 주제 선택

'글쓰기 – 오른쪽 상단 발행 버튼 – 주제' 부분을 눌러 주제 선택 화면으로 이동합니다. 선택한 카테고리에 주제가 설정되어 있는 경우에는 해당 카테고리 주제가 자동으로 선택되어 있으며, 그렇지 않은 경우에는 주제 선택 안 함으로 설정되어 있습니다.

주제 설정

주제를 선택하면 내블로그와 블로그 홈에서 주제별로 글을 볼 수 있습니다.
주제를 선택하지 않아도 '블로그 홈 > 주제별 글보기 > 전체'에서 볼 수 있습니다.

엔터테인먼트·예술	생활·노하우·쇼핑	취미·여가·여행	지식·동향
문학·책	일상·생각	게임	IT·컴퓨터
영화	육아·결혼	스포츠	사회·정치
미술·디자인	애완·반려동물	사진	건강·의학
공연·전시	좋은글·이미지	자동차	비즈니스·경제
음악	패션·미용	취미	어학·외국어
드라마	인테리어·DIY	국내여행	교육·학문
스타·연예인	요리·레시피	세계여행	
만화·애니	상품리뷰	맛집	
방송	원예·재배		

● 주제 선택 안 함   ☐ 이 카테고리의 글은 항상 이 주제로 분류

취소   확인

▲ 글 주제 목록

'주제설정 – 글과 맞는 주제 선택–확인'을 눌러 포스팅의 주제를 설정합니다. 앞서 확인하였던 내 블로그, 카테고리의 주제와 동일한 주제들을 선택할 수 있음을 알 수 있습니다.

#4 네이버가 싫어하는 포스팅 피하기

1) 유사문서

유사문서는 일상 블로거들의 포스팅이 누락되는 큰 원인 중 하나입니다. 알림이나 경고가 뜨는 것이 아니기 때문에 포스팅 누락의 원인이 유사문서로 인식되었기 때문임을 모른 채 지나갈 수 있습니다. 다른 포스팅과 제목이 거의 동일한 경우, 비슷한 사진과 내용이 약 50~70% 겹치는 경우 유사문서로 분류됩니다. 원고가 제공되는 기자단이나 배포형식의 포스팅 아르바이트, 가이드라인이 제공되는 체험단 시에 주의해야 하는 이유입니다. 우클릭 방지 설정, 사진에 서명 붙이기 등으로 유사문서를 방지할 수 있습니다. 다른 사람의 포스팅을 복사하여 배포하는 행위는 금물입니다.

2) 광고문서

일반 사용자는 네이버를 검색을 할 수 있는 무료 서비스라고만 생각할 수 있지만 네이버는 광고 업체입니다. 메인 화면부터 검색 화면, 포스팅 화면까지 알게 모르게 광고들이 자리를 차지하고 있습니다. 광고의 자릿세 혹은 클릭하는 횟수에 따라 수익을 얻을 수 있는 구조입니다. 따라서 네이버의 광고수익을 줄어들게 하는 외부 링크가 달린 글, 광고성 글 등은 스팸글로 인식되어 노출이 제한될 수 있습니다.

결론적으로 네이버에서 가장 좋아하는 블로그는
무료로 가치 있는 글을 제공하는 정보성 포스팅 위주의 블로그입니다.

blog.naver.com

PART 09 블로그 포스팅 능력 활용
업무와 연결하기

#1 스마트스토어, 쇼핑몰에 활용하기

네이버에는 '스마트스토어'라는 쇼핑 서비스가 있습니다. 네이버를 이용하는 유저가 기존의 아이디를 사용하여 스마트스토어에서 편리하게 구매를 할 수 있고, 개인이나 작은 단위의 사업자도 쉽게 온라인 판매를 할 수 있습니다. 접근성이 좋고 편리하다보니 이커머스 시장에서의 점유율이 가장 높고, 대기업에서도 스마트스토어를 판매채널로 이용하고 있을 정도입니다.

쇼핑몰에서 구매를 일으키는 가장 중요한 요소 : 상세페이지

쇼핑몰에서 구매를 일으키는 가장 중요한 요소는 무엇보다도 '상세페이지'라고 할 수 있습니다. 소비자는 잘 편집된 상세페이지를 보고 해당 상품의 기능이나 용도, 장점, 사이즈 등을 확인하고 상품에 대한 구매를 결정내립니다. 그런데 같은 네이버에서 제공하는 서비스들은 알고 보면 세부적인 시스템들이 서비스 간에 공유되고 있습니다. 그 중 스마트스토어의 상세페이지 화면은 블로그 포스팅을 작성할 때 이용되는 스마트에디터로 작성이 가능합니다.

▲ 스마트스토어 상세설명

위 사진은 스마트스토어의 상세설명 부분으로, 직접 작성하는 부분에는 스마트에디터원(Smart Editor ONE)으로 작성하는 버튼이 있습니다. 이 버튼을 누르면 상세페이지를 작성하는 새 창으로 이동합니다.

▲ 왼쪽 스마트스토어, 오른쪽 블로그

왼쪽은 스마트스토어 상세설명 작성 화면, 오른쪽은 블로그 글쓰기 화면입니다. 비슷한 형태를 가진 두 화면은 동일한 스마트에디터원(Smart Editor ONE) 툴을 사용하고 있음을 알 수 있습니다. 스마트스토어에서는 세부적인 몇 가지 기능이 블로그에 비해 제한적일 뿐 전체적인 작성 툴은 같습니다.

▲ 스마트스토어 상세페이지 템플릿

스마트스토어 상세설명 작성 페이지에서도 블로그 에디터와 같이 각종 템플릿이
제공되고 있습니다. 판매 분야에 맞는 템플릿을 선택하여 편집 시 편리하게 활용
할 수 있습니다.

상품 상세페이지와 에디터가 공유되어 있는 것을 보면 블로그 포스팅 역시 상품
을 파는 것처럼 상세하고 기획력있게 잘 편집된 페이지 작성이 권장됨을 파악해
볼 수 있습니다. 포스팅하는 능력을 가지고 있다면 이를 활용하여 스마트스토어
의 상세페이지를 보다 쉽게 작성할 수 있습니다.

▲ 카페24 상세페이지 에디터

스마트스토어 외에 쇼핑몰 사이트 중 대표적으로 카페24가 있습니다. 이곳에서도 자사에서 제공하는 에디터를 통해 상세페이지를 직접 작성할 수 있습니다. 빈 캔버스에 바로 글을 쓸 수도 있지만, 제공 템플릿을 살펴보면 '블로그형'이라는 템플릿을 찾아볼 수 있습니다. 또한 에디터 화면을 보면 네이버 블로그 에디터와 사용법이 크게 다르지 않음을 알 수 있습니다. 카페24의 상세페이지 역시 포스팅하는 능력을 활용하여 어렵지 않게 작성할 수 있습니다.

　　스마트스토어에서 상품이 노출되게 하는 요소: 상품명

스마트스토어에서 상세페이지 못지않게 중요한 요소는 상품명입니다. 블로그의 제목처럼 상품명은 키워드로 인식이 되고, 상품과 최적화를 이루었을 경우 상위에 노출될 수 있습니다. 상품도 포스팅과 같이 상위에 노출이 되어야 사람들이 클릭을 하게 되고 구매로까지 이어질 수 있습니다. 그러기 위해서는 좋은 키워드를 발굴하여 효과적으로 상품명에 입력하여야 합니다.

▲ 셀러마스터 검색 화면

스마트스토어의 키워드는 키워드마스터 사이트의 다른 기능 중 '셀러마스터 (https://whereispost.com/seller/)' 페이지에서 검색해 볼 수 있습니다. 이곳에서 키워드를 검색하면 월간 조회 수, 상품 수, 비율이 나옵니다. 블로그에서 '문서 수' 였던 부분이 '상품 수'가 된 점이 조금 다릅니다.

셀러마스터를 이용하여 좋은 키워드를 찾는 과정은 키워드마스터를 통해 블로그 의 키워드를 찾는 것과 유사합니다. 상품 수가 적고 비율이 낮을수록 사용하기 좋 은 키워드라고 볼 수 있습니다. 조회 수는 높을수록 좋지만 높은 조회 수의 키워 드는 판매등급이 높거나 광고비를 많이 투입할 수 있는 경우에 사용하는 것이 좋 습니다. 일반 셀러는 조회 수 5,000미만의 키워드를 메인으로 사용하면 좋습니다. 이외에도 포스팅 능력은 업무에 다방면으로 활용될 수 있습니다.

#2 자사 블로그 마케팅

블로그는 회사의 주요한 홍보 수단 중 하나입니다. 활동 소식을 알리고 공지사항을 올리는 소식지의 용도로 사용되는 경우도 있지만, 주로 검색을 통한 유입으로 자사의 상품이나 서비스를 홍보하려는 목적을 가지고 있습니다. 그런 점에서 포스팅하는 데에 별도로 비용이 발생하지 않는 블로그는 광고비용이 소모되지 않는 좋은 홍보 수단이 됩니다.

그러나 포스팅 능력이 없다면 아무리 여러 개의 글을 발행하더라도 노출이 되지 않아 홍보 효과를 얻을 수 없습니다. 반면 포스팅 스킬을 가지고 있다면 이를 활용하여 포스팅을 노출시키고 자사의 상품과 서비스를 알려 구매로 전환을 일으킬 수 있습니다. 이러한 과정의 블로그 마케팅을 효과적으로 운용하기 위해서는 전략적으로 실행되어야 합니다.

블로그 마케팅에서 중요한 전략으로 '키워드 거미줄 전략'을 제시해드릴 수 있습니다. 필자가 개발하여 실무에서 직접 이용했던 방법으로 공식적인 용어는 아님을 주의바랍니다. 이 전략에 대해 쉽게 설명해드리자면 상품의 대표 키워드와 관련된 세부 키워드들로 작성된 각각의 포스팅을 여러 개 작성합니다. 그리고 어떤 키워드로 검색을 하더라도 자사의 블로그로 유입될 수 있도록 하는 것입니다. 키워드들을 세밀하게 깔아두면 검색자가 어떤 검색어에라도 거미줄에 걸리듯 유입된다 하여 거미줄 전략이라고 이름 붙였습니다.

관련키워드

강남사무실 강남사무실임대 강남 사무실 임대 강남 사무실 매매 강남 사무실 월세 강남역 소호사무실
강남 공유 사무실 강남 단독주택 사무실 강남 단기임대 사무실 강남 소호사무실 가격 강남 비상주사무실
강남역 사무실 임대 강남 소호사무실 컬리지카나다 강남사무실 강남 빌딩사무실 임대 강남 단독주택 사무실 임대
강남 사무실 공실 강남 사무실 쉐어 강남 사무실 시세 강남 사무실 가격 강남 사무실 공실률 강남사무실임대사이트
강남사무실매매 강남 사무실 리모델링 강남사무실이사 강남사무실정기청소 강남사무실청소 강남 사무실 찾기
강남 사무실 평단 강남 사무실임대 가격 강남 사무실 단기임대

▲ 강남 사무실의 관련 키워드

강남에 위치한 사무실을 판매하는 경우를 예로 들어 설명해 드리겠습니다. '강남사무실'을 대표 키워드로 잡을 수 있고, 키워드 마스터에서 관련 키워드를 조회해 보면 위와 같은 다양한 세부키워드의 결과를 얻을 수 있습니다. 이외에도 '강남'을 '논현·신논현·역삼·강남역·강남구' 등으로, '사무실'을 '오피스' 등으로 치환하여 검색어의 범위를 넓혀나갈 수 있습니다. 이렇게 만들어진 많은 검색어를 키워드로 설정하여 포스팅들을 작성함으로써 거미줄 전략을 실행할 수 있습니다. 작성 시에는 비슷한 내용의 글들만 작성하여 유사문서로 인식되지 않도록 주의해야 합니다.

#1 블로그 포스팅을 지속하게 되는 원동력

꼼꼼한 글쓰기를 하다 보면 어느 순간 지칠 수 있습니다. 수익을 바로 확인할 수 없는 일에 열과 성의를 다해서 열중하다 보면 블로그 운영을 포기하고 싶은 순간이 찾아올 때가 많습니다.

> 왕 깔끔 왕 친절 감사합니당
>
> 정리 너무 잘 하신 것 같아요..이 글 저 글 찾아봐도 어떻게 해야 하는지 순서는 어떻게 되는 건지 이해가 잘 안 갔는데, 선생님 글 읽자마자 바로 이해했어요!! 감사합니다:)
>
> 이해하기 쉽게 화면 캡처까지ㅠㅜ 감사합니다

▲ 방문자의 댓글

그런 부정적인 생각이 들 때쯤 방문자님들은 고마움과 칭찬의 댓글을 남겨 주시곤 합니다. 블로그를 운영하면서 방문자로부터 받는 댓글과 공감을 통해 소통하는 재미를 느낄 수도 있지만 '이해하기 쉽게 글을 잘 쓴다.', '사진을 잘 찍는다.', '기획력이 좋다.', '꼼꼼하다.' 등 글쓰기의 능력에 대한 객관적인 평가를 받을 수 있다는 장점도 있습니다.

▲ 첫 페이지 상위 노출된 포스팅

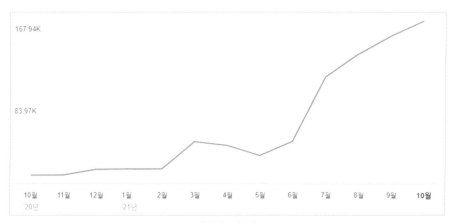

▲ 증가하는 방문자 수

지속적으로 첫 페이지에 상위 노출이 되는 경험과 더불어 점진적으로 늘어나는 방문자 수를 보다 보면 개인의 영향력이 성장하게 됨을 몸으로 체감하고 가시적으로도 확인할 수 있습니다. 블로그의 규모가 커지면 수익화를 고려해 볼 수도 있습니다.

#2 포기하지 않는 마음가짐 4계명

1. 부업이라는 생각으로 가볍게 시작하기
2. 블로그도 하나의 창업 과정과 같음을 인지하기
3. 블로그를 하는 목표를 세워서 블태기 방지하기
4. 포스팅이 익숙해질 때까지 포기하지 않기

1. 부업이라는 생각으로 가볍게 시작하기

'블로그로 월 천을 벌었다.', '온라인 건물주가 되었다.' 등 온라인 성공기를 시중에서 많이 볼 수 있습니다. 블로그로 전업이나 투잡을 할 수 있다는 이야기를 듣고 기대감에 가득 차 애드포스트 수입을 찾아본 사람들은 생각보다 적은 수입에 실망하고 이내 블로그를 포기해버립니다. 필자는 블로그를 중학생 때 처음 접하였고, 그 정도로 진입장벽이 낮아 누구나 할 수 있다는 장점이 있습니다. 반면에 큰 수익을 창출하는 사람은 소수에 불과하다고 알려져 있습니다. 쉽게 돈을 버는 방법에 현혹되어 블로그를 떠올린 것은 아닌지 뒤돌아보는 것이 필요합니다.

필자에게 블로그를 키울 수 있던 비결을 묻는다면 다음과 같이 말하곤 합니다. 잠들기 전 자투리 시간을 활용하여 스트레스 해소의 목적으로 취미삼아 가끔씩 올렸던 것이 쌓여 자연스럽게 성장하였다고 말입니다. 포스팅이 누적되며 누락도 겪어보고, 상위 노출도 되어보고, 메인에 실리는 등 다양한 결과물들로 인해 스스로 발전방향을 모색할 수 있었습니다. 처음부터 큰 수익을 기대하며 블로그에만 매진하였다면 한 달 만에 금방 포기해버렸을 지도 모릅니다.

비슷하게 나의 스트레스를 해소할 안정적인 공간을 찾고, 인터넷에서 검색이 되는 글을 쓸 수 있는 사람이 되어보고 싶다는 최소한의 목표로 시작해보시길 추천드립니다. 이렇게 시작해서 포스팅을 하다보면 어느새 블로그의 지수는 상승하여 있을 것입니다. 필자는 일주일에 1-2번, 한 달에 2-3번, 나중에는 3달에 한 번씩 긴 텀으로 포스팅을 하다보니 성장의 속도가 매우 더뎠습니다. 그와 달리 독자 분들은 이 책을 읽게 됨으로써 블로그의 성장 속도를 더욱 빠르게 만들고 시간을 절약하는 양질의 포스팅을 할 수 있게 되기를 바랍니다.

2. 블로그도 하나의 창업 과정과 같음을 인지하기

요즘 다양한 분야에서의 창업이 붐입니다. 창업을 시작하게 되면 처음부터 기대했던 매출을 발생시키기란 어렵습니다. 창업 초기에는 가치를 창출하기 위한 활동과 홍보 활동에 투자에 많은 자본이 투입되며 매출이 발생할 때까지 시간이 소요됩니다. '죽음의 계곡'이라는 위기 구간도 2번이나 찾아온다고 합니다. 블로그를 통해 수익화를 하려는 목적은 주로 이러한 리스크 없이 수입을 만들어보려는 데에 있습니다. 그러나 블로그도 하나의 창업 과정과 다르지 않습니다.

지금 책을 구매하여 읽고 있는 행위도 하나의 투자활동을 실행한 것으로 볼 수 있습니다. 잘 알려진 유료 강의나 컨설팅을 받는다면 이것보다 더 많은 자본이 투입될 수도 있습니다. 또한 블로그를 성장시킬 때까지 여러 개의 포스팅을 작성하는 데에는 시간이라는 자본이 사용됩니다. 포스팅은 노출되는 것이 목적으로, 노출은 즉 홍보활동과 같습니다. 노출이 잘 되는 글을 적을 수 있어야 블로그가 성장할 수 있고, 사람들을 유입시켜 방문자 수를 높일 수 있습니다. 또한 애드포스트 수익을 높이고, 체험단 선정에도 도움이 되며, 기타 내 사업을 홍보할 수도 있습니다. 잘 만들어진 상품이 홍보가 되지 않으면 팔리지 않듯이 잘 쓰인 글도 노출이 되지 않으면 읽히지 않습니다.

블로그 또한 일련의 창업의 과정처럼 초기에는 배움을 위한 교육비용이나 긴 시간을 투자하며 자본을 투입하고, 반응이 발생할 때까지 소요되는 시간을 견뎌야 합니다. 그리고 성장해가면서 누락, 방문자 수 하락, 글감 부족, 저품질 우려 등 다양한 고비를 만나게 될 수 있음을 알고 극복해나가도록 합니다.

이러한 창업가적 마인드와 함께 블로그를 통해 판매를 진행할 수도 있고, 사업에도 도움이 될 수 있습니다. 필자 역시 소소한 블로그 마켓을 진행해본 경험이 있고, 이 책 또한 블로그를 통해 홍보할 예정입니다. 언제든 나의 꿈을 펼칠 수 있고 사업을 홍보할 수 있는 수단이 될 수 있는 든든함은 큰 자산입니다.

3. 블로그를 하는 목표를 세워서 블태기 방지하기

블로그 권태기, '블태기'는 어떤 블로거에게도 찾아옵니다. 그만큼 블태기가 찾아오는 이유는 많습니다. 투데이가 늘어나지 않거나, 기대만큼 애드포스트 수입이 많지 않거나, 글이 노출이 되지 않거나, 쓸 만한 글감이 없는 등의 이유로 블로그를 잘 운영하던 사람도 하루아침에 운영을 중단하는 경우가 있습니다. 그럴 때일수록 실행 가능한 목표 설정이 필요합니다.

성과 지향적 목표 예시

- 애드포스트 승인 받기
- 방문자 수 점진적으로 늘리기(200명 → 300명 → 500명 → 1000명…)
- 체험단 규모 높이기(2만원 식사권 → 5만원 식사권 → 10만원 …)
- 네이버 인플루언서 선정되기
- 키워드 챌린지 상위권 되기

성과 지향적인 목표로는 크게 위의 내용들이 있습니다. 그 외에 자기 만족을 목적으로 주 1회 여행하고 포스팅하기, 체험단으로 주 1회 식사하기 등 스스로 실행 가능한 목표를 세워 이뤄나가도록 합니다.

4. 포스팅이 익숙해질 때까지 포기하지 않기

필자는 책을 집필하면서 독자 분들께 더 들려드리고 싶은 내용을 계속적으로 추가하다보니 작성 기간이 예상대비 2배 이상 소요되었습니다. 변명처럼 들릴 이야기를 하자면 평소에 학생처럼 레포트나 논문을 작성할 기회가 없고, 책이 될 만한 긴 글을 적어 본 적도 없기 때문입니다. 간단하게 말씀드리면 익숙하지 않은 일을 했기 때문입니다.

그러나 확신합니다. 다음 책을 만드는 것은 이번보다 훨씬 수월할 것임을 말입니다. 몇 년 전까지만 해도 포스팅 작성에 3시간이 걸리기도 하였습니다. 처음 포스팅을 할 때 꼼꼼히 작성하느라 시간이 걸리던 시기를 지나고 나니 지금은 같은 퀄리티의 포스팅을 하는 데에도 소요 시간이 3분의 1로 줄어들었습니다. 몇 번 적다 보면 익숙해지게 됩니다.

블로그
포스팅
비법서

1판 1쇄 인쇄 2022년 3월 15일
1판 1쇄 발행 2022년 3월 25일

—

지 은 이 주미니(김민주)
발 행 인 이미옥
발 행 처 디지털북스
정   가 12,000원
등 록 일 1999년 9월 3일
등록번호 220-90-18139
주   소 (03979) 서울 마포구 성미산로 23길 72 (연남동)
전화번호 (02) 447-3157~8
팩스번호 (02) 447-3159

—

ISBN 978-89-6088-394-9 (93000)
D-22-04

DIGITAL BOOKS
디지털북스